Johannes Joachim Degenhardt
Heinrich Tenhumberg
Hans Thimme
Kirchen auf gemeinsamem Wege

Kirchen
auf gemeinsamem Wege

Herausgegeben von
Johannes Joachim Degenhardt
Heinrich Tenhumberg
Hans Thimme

Luther Verlag
Verlag Butzon & Bercker

ISBN 3–7858–0216–1 Luther Verlag Bielefeld
ISBN 3–7666–9001–9 Verlag Butzon & Bercker Kevelaer

© 1977 Luther Verlag D–4800 Bielefeld und Verlag Butzon & Bercker D–4178 Kevelaer. Alle Rechte vorbehalten. Umschlaggestaltung: Kurt Wolff. Herstellung: Bercker Graphischer Betrieb GmbH Kevelaer.

Geleitwort

Die Gründung des Weltrates der Kirchen sowie das Zweite Vatikanische Konzil haben dem ökumenischen Gedanken weltweiten Anstoß und Auftrieb gegeben. Mehr als in früheren Jahren sind sich die Kirchen ihrer beschämenden und mit dem Auftrag Christi nicht zu vereinbarenden Gespaltenheit bewußt. In vielfältiger Weise drängen die Gläubigen zur Wiedergewinnung der Einheit im Glauben und in den Sakramenten.
Der Anstoß, der auf Weltebene gegeben worden ist, muß auf der Ebene der Ortskirchen aufgegriffen werden. Daher haben der Präses der Evangelischen Kirche von Westfalen und der Bischof von Münster Gespräche miteinander aufgenommen, die auf verschiedenen Ebenen geführt worden sind. Der Erzbischof von Paderborn hat sich an diesen Gesprächen und Kontakten sobald als möglich beteiligt. Neben der Absprache über gemeinsame Anliegen in der praktischen Zusammenarbeit wurden auch die theologischen Fragen besprochen, die zwischen den Kirchen kontrovers sind. Einige Arbeitsgruppen haben gemeinsam verantwortete Texte erstellt. Sie sollen dem ökumenischen Gespräch in den Gemeinden dienen, Wege der Kirchen zueinander erschließen und Anregungen für eine bessere Zusammenarbeit geben.
Im Jahre 1973 erschien die vom Bischof von Münster und vom Präses der Evangelischen Kirche von Westfalen herausgegebene Schrift „Wege der Kirchen zueinander". Sie wurde in erweiterter Form 1975 unter dem Titel „Kirchen im Lehrgespräch" der Öffentlichkeit vorgelegt. Die Arbeit ist zusammen mit dem Erzbistum Paderborn fortgesetzt worden und hat zur Erarbeitung gemeinsamer Glaubensaussagen unter dem Titel „Kirchen im gemeinsamen Zeugnis" sowie zur Erstellung praktischer Anregungen für die Zusammenarbeit in den Ortsgemeinden und Gemeindeverbänden unter dem Titel „Kirchen im gemeinsamen Handeln" geführt. Alle drei Schriften sind zwar in sich selbständig. Sie ergänzen jedoch einander und wollen somit als ein Ganzes gesehen werden. Wir legen sie darum in einem Band vor. Jeder Schrift ist ein Vorwort vorangestellt, welches die Mitglieder der jeweiligen Arbeitsgruppe und den unmittelbaren Anlaß der Entstehung nennt.
„Die Sorge um die Wiederherstellung der Einheit ist Sache der ganzen

Kirche, sowohl der Gläubigen wie auch der Hirten, und geht einen jeden an, je nach seiner Fähigkeit, sowohl in seinem täglichen christlichen Leben wie auch bei theologischen und historischen Untersuchungen. Diese Sorge macht schon einigermaßen deutlich, daß eine brüderliche Verbindung zwischen allen Christen schon vorhanden ist; sie ist es, die schließlich nach dem gnädigen Willen Gottes zur vollen und vollkommenen Einheit hinführt" (II. Vatikanisches Konzil, Dekret über den Ökumenismus, 5). In persönlicher Verantwortung und ausgerichtet am Auftrag des uns übertragenen Amtes geben wir die hier vorliegenden Schriften heraus. Wir legen sie nun in die Hand der Mitglieder unserer Gemeinden, der Seelsorger und aller Gläubigen, damit sich alle ihrer Verantwortung für die Einheit der Kirche neu bewußt und in ihrer Sorge um die Einheit der Christenheit bestärkt werden.

Erzbischof Dr. Johannes Joachim Degenhardt
Bischof Heinrich Tenhumberg
Präses D. Hans Thimme

Inhalt

Kirchen im Lehrgespräch

Vorwort	13
Schrift und Tradition	15
Gnade und Werk	19
Die Kirche Jesu Christi	22
I. Sichtbarkeit der Kirche	23
II. Einheit der Kirche	25
III. Zugehörigkeit zur Kirche	29
IV. Ordnung der Kirche	31
Sakramente	34
I. Wort und Sakrament	35
II. Stiftung der Sakramente	37
III. Taufe	39
IV. Eucharistie	41
V. Übrige Sakramente	44
A) Firmung / Konfirmation	44
B) Buße / Beichte	45
C) Weihe / Ordination	46
D) Ehe / Trauung	48
E) Krankensalbung	49
VI. Zusammenfassung	49
Das Amt	51
I. Apostolischer Ursprung und Entfaltung	51
II. Amt und Gemeinde	54
III. Amt und Person	56
IV. Gegliedertes Amt	58
Gottesdienst – Christliches Leben – Frömmigkeit	65
I. Gottesdienst	65
II. Christliches Leben	68
III. Frömmigkeit	71

Überlegungen zur Kirchengemeinschaft 78
1. Kirche als Communio 78
2. Verschiedene Grade der Communio 78
3. Das derzeitige Verhältnis der Evangelischen Kirche
   zur Katholischen Kirche 79
4. Der derzeitige Stand des Lehrgesprächs 79
5. Kirchengemeinschaft und eucharistische Gemeinschaft 80

Schluß 82

Kirchen im gemeinsamen Zeugnis

Vorwort 85

Vom Glauben 87

Vom Dreieinigen Gott 91

Von Gott dem Vater, dem Allmächtigen,
Schöpfer des Himmels und der Erde 94

Von Gott dem Sohn – wahrer Gott und wahrer Mensch 97

Von Gott dem Sohn, dem Erlöser –
Kreuz und Auferstehung 99

Von Gott dem Sohn, dem Haupt der Kirche
und Herrn der Welt 102

Von Gott dem Heiligen Geist 105

Vom Menschen 109

Von der Rechtfertigung und von der Heiligung 113

Von der Kirche 116

Von der Hoffnung 119

Kirchen im gemeinsamen Handeln

Vorwort	125
Teil I Voraussetzungen ökumenischer Begegnung	127
1. Kapitel Worum es geht: Einheit	127
2. Kapitel Der Wahrheit verpflichtet	128
3. Kapitel Profilierung auf Jesus Christus hin als Weg zur Einheit	132
4. Kapitel Das Amt zum Aufbau der Gemeinden	135
5. Kapitel Weckung des ökumenischen Bewußtseins	138
Teil II Bewährte Kooperationen	142
6. Kapitel Bericht über die Arbeit der Kommissionen aufgrund der Vereinbarung von 1972	142
7. Kapitel Die Arbeitsgemeinschaft christlicher Kirchen	148
8. Kapitel Die gemeinsame Sozialarbeit der Kirchen	151
Teil III Handreichungen für ökumenische Zusammenarbeit	153
9. Kapitel Taufe und Tauffrömmigkeit	153
10. Kapitel Ehe und Familie	157
11. Kapitel Gemeinde und Gottesdienst	161
12. Kapitel Einführung in Glaube, Frömmigkeit und sakramentales Leben	168
13. Kapitel Caritas und Diakonie	172
14. Kapitel Weltmission und Entwicklungshilfe	178
15. Kapitel Missionarische Seelsorge: Besuchsdienst	181
16. Kapitel Schule und Religionsunterricht	184
17. Kapitel Freizeit und Urlaub	192
18. Kapitel Zeugnis gegenüber den Sekten	196
19. Kapitel Konversion unter ökumenischem Aspekt	198

Kirchen im Lehrgespräch

Vorwort

Im Jahr 1973 erschien die Ausarbeitung „Wege der Kirchen zueinander". Sie war erarbeitet worden von Weihbischof Dr. Reinhard Lettmann und Domkapitular Dr. Paul Wesemann auf katholischer Seite und Vizepräsident Dr. Werner Danielsmeyer und Oberkirchenrat Otto Schmitz auf evangelischer Seite. Ihre Absicht war nicht ein vollständiger Lehrvergleich. Vielmehr hat sie sich neben einigen grundsätzlichen Erwägungen auf den Vergleich einiger Aspekte des Amts- und Eucharistieverständnisses beschränkt. Wir dürfen feststellen, daß die Ausarbeitung bei aller Kritik im ganzen eine positive Aufnahme gefunden hat.
Die Gespräche sind fortgeführt worden und haben zu der Ausarbeitung „Kirchen im Lehrgespräch" geführt. Die einzelnen Abschnitte stellen das Gemeinsame der kirchlichen Lehraussagen voraus. Die besondere Lehrausprägung ist dann durch die Vertreter der entsprechenden Konfession, wenn auch unter Mitbeteiligung der anderen Seite, formuliert worden. Die abschließenden gegenseitig gestellten Fragen der „fruchtbaren Kontroversen" sind keine rhetorischen oder nur theoretischen Fragen. Sie versuchen vielmehr, den Punkt zu fixieren, an dem gegenwärtig die Annäherung unserer Kirchen vor der Notwendigkeit steht, Antworten zu finden und Klärung herbeizuführen. Deutlich ist allerdings auch, daß die Gegenseitigkeit der Fragen auf einen weiterführenden Dialog verweist, in dem es nicht nur um abschließende Entscheidungen, sondern auch darum geht, daß einer den anderen im Gespräch festhält, vor Grenzüberschreitungen bewahrt und eben dadurch dem anderen ein Gehilfe zur tieferen Erkenntnis der Wahrheit wird.
Die Auswahl der Lehrstücke ist unter dem Gesichtspunkt akuter kontroverstheologischer Fragestellung erfolgt. Dabei sind die fundamentalen, beiden Kirchen gemeinsamen Lehrstücke, die ihre bleibende Verbindlichkeit in den drei altkirchlichen Glaubensbekenntnissen gefunden haben, außer Betracht geblieben. Diese bedürfen in weiteren Gesprächen ebenfalls gemeinsamer Besinnung, damit um so mehr deutlich wird, wie groß die unter uns bestehende Gemeinsamkeit ist, in der Gotteslehre und dem Verständnis vom Menschen, in der Christologie und in der Soteriologie sowie in der gemeinsamen Front ge-

genüber den den christlichen Glauben bedrohenden und in Frage stellenden Irrlehren und säkularen Heilslehren.

Das Gespräch der Kirchen über die Lehre ist nur ein Teil der Aufgabe, die ihnen heute gemeinsam gestellt ist. Durch die Zusammenarbeit in ihrem Dienst an den Christen und an der ganzen Gesellschaft kommt das Maß der Verbundenheit in der Lehre zum praktischen und wirksamen Ausdruck. Diese Zusammenarbeit muß mehr und mehr vervollkommnet werden. Sie lehrt unsere Kirchen, einander besser kennenzulernen und höher zu achten und den Weg der Einheit der Christen zu bereiten.

Bischof Heinrich Tenhumberg
Präses D. Hans Thimme

Schrift und Tradition

1. Gemeinsame Voraussetzungen

Gott offenbart sich in seinem Wort. Dieses begegnet uns im prophetischen und apostolischen Zeugnis und hat seinen Niederschlag gefunden in der Heiligen Schrift. In ihr hat die Kirche die Schriften zusammengefaßt, in denen nach ihrer Überzeugung das prophetische und apostolische Zeugnis ein für allemal und unverfälscht enthalten ist.
Die Weitergabe des prophetischen und apostolischen Zeugnisses und seine Verkündigung in die jeweilige Zeit hinein ist Aufgabe der Kirche. Aus dem Lob Gottes und aus der Sorge um die unverfälschte Weitergabe des prophetischen und apostolischen Zeugnisses, wie es in der Heiligen Schrift bezeugt wird, sind die Bekenntnisse der Kirche entstanden. Inhalt der Bekenntnisse ist das Zeugnis der Schrift, entfaltet im Hinblick auf die Fragestellung und Herausforderung der jeweiligen Zeit. Das Zeugnis der Schrift wird verstanden unter Anleitung und im Hören auf diese Bekenntnisse.
Die Autorität des Bekenntnisses ergibt sich aus der Übereinstimmung mit dem Zeugnis der Schrift. Diese Übereinstimmung wird festgestellt durch den Konsens der Kirche. Die Kirche lebt in der Zuversicht, daß die Wahrheit der Heiligen Schrift sich immer wieder durchsetzt unter der Leitung des Heiligen Geistes (Joh 16, 13).
Die Kirchen sind gemeinsam der Überzeugung, daß über die schriftgemäße Lehre durch die Kirche immer neu entschieden werden muß, weil es in ihr um die Wahrheit und die Gemeinsamkeit des Zeugnisses geht. Diese Entscheidung wird vollzogen im Hören auf das Zeugnis der Väter und Brüder.
Die Evangelische Kirche und die Katholische Kirche stimmen überein in den drei altkirchlichen Bekenntnissen.

2. Unterschiedliche Ausprägungen

Reformatorische Ausprägung

In der Reformationszeit ist es neben der Rezeption der altkirchlichen Bekenntnisse gegenüber den Herausforderungen der Zeit zu neuen Bekenntnissen gekommen. Diese verstehen sich als Auslegung der

Heiligen Schrift. Sie binden nicht an sich, sondern an die Heilige Schrift und das in ihr bezeugte Evangelium.

Die Bekenntnisse sind die Zusammenfassung dessen, was in den Gemeinden aus Gottes Wort gegenüber den Herausforderungen ihrer Zeit bezeugt worden ist. Sie sind auf eine konkrete Situation bezogen und darum nicht als abschließende Bekenntnisse aufzufassen. Vielmehr sind sie nach vorne hin offen. Sie bedürfen, um die Heilige Schrift für die Gegenwart zu bezeugen, immer neu der Interpretation.

Die Evangelische Kirche vertraut darauf, daß unter dem Hören auf das Wort der Heiligen Schrift Christus selber im Heiligen Geist die Kirche bei der Wahrheit seines Wortes festhält. Die Entscheidung über die Wahrheit des Wortes ist keinem einzelnen, auch keiner kirchlichen Institution, sondern der Gemeinde als ganzer übertragen; die Wahrheit setzt sich nach Auffassung der Kirche der Reformation in der Verkündigung durch.

Zur Prüfung der Wahrheit des Zeugnisses ist die Gemeinde, d. h. die Gemeinschaft derer, die in gläubigem Gehorsam das Wort der Schrift hören, aufgerufen. Dabei ist maßgebend, daß die Heilige Schrift die alleinige Quelle und Richtschnur für Glaube, Lehre und Leben der Kirche ist und daß Jesus Christus allein das Heil ist, das allein aus Glauben geschenkt und allein im Glauben empfangen wird. Die Kirche nimmt die Verantwortung für die rechte Verkündigung und Lehre im besonderen dadurch wahr, daß sie für die Zurüstung und Bestellung geeigneter Prediger und Lehrer des Evangeliums durch Ausbildung, Prüfung und Ordination Sorge trägt. Des weiteren wacht die Kirche über der in ihrem Bereich geschehenen Verkündigung und Lehre ständig durch den Dienst der brüderlichen Beratung, Mahnung und Visitation. Wenn dieser Dienst nicht ausreicht, einen Diener am Wort, der in seiner Verkündigung und Lehre im Widerspruch zum entscheidenden Inhalt der Heiligen Schrift steht, zur Wahrheit des Evangeliums zu weisen, so ist als äußerste Maßnahme ein Lehrbeanstandungsverfahren erforderlich, in welchem gemäß der Ordnung der Kirche befunden wird, ob die Verkündigung eines Dieners am Wort mit der in der Kirche bezeugten Wahrheit des Evangeliums in Übereinstimmung steht.

Katholische Ausprägung

Die Kirche bewahrt in ihrer Verkündigung das prophetische und apostolische Zeugnis, wie es ihr in Schrift und Überlieferung anvertraut ist. Schrift und Überlieferung sind nicht getrennte Quellen der Offenbarung. Sie sind eng miteinander verbunden. Die Schrift, in der das in der Kirche überlieferte prophetische und apostolische Zeugnis ein für allemal niedergeschrieben und durch die Kirche bis auf unsere Tage weitergegeben worden ist, wird gemäß der Überlieferung der Kirche verkündet und ausgelegt. In der so verstandenen Heiligen Schrift sieht die Kirche die Richtschnur ihres Glaubens.

Der Kirche als ganzer ist in der Kraft des Heiligen Geistes die Bezeugung des Wortes Gottes aufgetragen. Die Gesamtheit der Gläubigen bezeugt es mit Wort und Tat. Sie steht unter der Verheißung, daß der Heilige Geist sie in alle Wahrheit leitet. Die Gesamtheit der Gläubigen kann im Glauben nicht irren. Alle Gläubigen, die je auf ihre Weise am Prophetenamt Christi teilnehmen, tragen dazu bei, daß das Verständnis des Glaubens in der Kirche wächst. Die Aufgabe, das geschriebene oder überlieferte Wort Gottes verbindlich zu erklären, ist dem Lehramt der Kirche anvertraut, dessen Vollmacht im Namen Christi in der Kraft des Heiligen Geistes ausgeübt wird.

Dieses Lehramt haben in der Nachfolge der Apostel die Bischöfe in Gemeinschaft mit dem Papst ausgeübt, besonders auf den Konzilien der Kirche. Wenn Papst und Bischöfe in der Auslegung der Offenbarung eine Glaubens- und Sittenlehre übereinstimmend als verpflichtend vortragen, können sie im Inhalt dieser Verkündigung nicht irren. Dies ist in besonderer Weise der Fall, wenn ein Ökumenisches Konzil eine Wahrheit als verbindliche Lehre verkündet. Das gleiche gilt, wenn der Papst kraft seiner höchsten apostolischen Autorität erklärt, daß eine bestimmte Glaubens- und Sittenlehre von der gesamten Kirche zu halten ist. Der Beistand des Geistes, in dessen Kraft das Lehramt ausgeübt wird, ist der ganzen Kirche verheißen, damit sie sicher, getreu und ohne Irrtum die Wahrheit bezeugen kann, die Gott um unseres Heiles willen in der Heiligen Schrift aufgezeichnet haben wollte. Der Aussagegehalt der dogmatischen Formeln bleibt in der Kirche stets wahr. Das schließt nicht aus, daß sie nach vorne hin offen sind, daß andere Formeln besser geeignet sein können, die geoffenbarte Wahrheit einer bestimmten Zeit zu vermitteln und daß sie durch neue Ausdrucksweisen ergänzt oder ersetzt werden.

3. Fruchtbare Kontroversen

a) Die Katholische Kirche fragt die Evangelische Kirche, wie bei ihrem Verständnis die Wahrheit des Evangeliums festgehalten werden kann, wenn die Entscheidung darüber unter der Verheißung des Heiligen Geistes sich in der Kirche durchsetzen soll, ohne daß diese Entscheidung durch ein kirchliches Organ verbindlich festgestellt werden kann.
Die Gegenfrage lautet, mit welchem Recht die Katholische Kirche, da doch alle Getauften den Heiligen Geist empfangen haben, die Wahrheit des Evangeliums der Entscheidung bestimmter kirchlicher Institutionen anheimstellt.

b) Die Katholische Kirche fragt die Evangelische Kirche, ob nicht bei ihrem Verständnis der dem kirchlichen Amt in der Nachfolge des Apostelamtes gegebene besondere Auftrag der Verkündigung des Evangeliums nivelliert wird.
Die Gegenfrage lautet, ob nicht der Auftrag zur Christusverkündigung einem jeden Getauften in gleicher Weise übertragen ist, ganz unabhängig von dem Dienst des Amtes, das diesen Befehl Christi öffentlich ausführt.

c) Die Katholische Kirche fragt die Evangelische Kirche, ob sie nicht eine unerlaubte Trennung von Schrift und Tradition vornimmt, da doch die Schrift in sich Tradition enthält und als Heilige Schrift in die Tradition der Kirche gehört.
Die Evangelische Kirche fragt die Katholische Kirche, ob bei deren Verständnis des Verhältnisses von Schrift und Tradition der normative Charakter der Heiligen Schrift gegenüber der Tradition gewahrt ist.

d) Die Katholische Kirche erinnert die Evangelische Kirche an die Verheißung Christi, seine Kirche in alle Wahrheit zu leiten, und fragt sie, ob nicht in der raum-zeitlichen Existenz der Kirche diese Wahrheit unfehlbar aussagbar sein muß.
Die Evangelische Kirche erinnert die Katholische Kirche an die Verheißung Christi, seine Kirche in alle Wahrheit zu leiten, und fragt sie, mit welcher Berechtigung sie diese Christus vorbehaltene Vollmacht für die Irrtumslosigkeit ihrer verbindlichen Lehraussagen in Anspruch nimmt.

Gnade und Werk

1. Gemeinsame Voraussetzungen

Jesus Christus, wahrer Mensch und wahrer Gott, hat durch seine Menschwerdung, sein Leben und Leiden, sein Sterben und Auferstehen das ewige Heil Gottes für alle Menschen erwirkt. Christus eignet dieses Heil durch Wort und Sakrament dem Menschen zu, damit er es im Glauben ergreife. Der gläubige Empfang wirkt sich aus in einem dem Glauben gemäßen Leben des Christen, obschon ihm die Sünde ständig und bis zum Sterben zusetzt. Der durch Wort und Sakrament geschenkte Heilige Geist gibt dem Christen Kraft, sein Leben unter Gottes Zuspruch und Verheißung zu führen und die Macht der Sünde zu bekämpfen. Die gnädige Annahme durch Gott zum ewigen Heil – die Rechtfertigung – geschieht allein um des Verdienstes Christi willen.

2. Unterschiedliche Ausprägungen

Reformatorische Ausprägung

Die Frage nach der „Rechtfertigung des Sünders vor Gott" war für die Väter der Reformation der „articulus stantis et cadentis ecclesiae", der „Artikel, mit dem die Kirche steht und fällt".
Luther machte an Römer 1, 16 f. seine „reformatorische Entdeckung". Gott schenkt bedingungslos Gnade und Heil. Er schenkt seine Gnade dem Sünder, der auch als Christ aus eigenem Vermögen nichts vorzuweisen hat, was ihn retten kann. Das Heil ist allein in Gottes Gnade und in keiner Hinsicht in unseren Werken zu suchen und zu finden. Durch den Glauben wird das göttliche Geschenk angenommen. Die bedingungslos dem Glauben unter Wort und Sakrament gewährte Gnade ist die „Gerechtigkeit Gottes", von der der Römerbrief spricht.
Gott spricht den Menschen, der auch als Christ Sünder bleibt, um Jesu willen frei und rechnet ihm dessen Gerechtigkeit zu. Das ist der einzige Trost des Christen im Leben und im Sterben. Die „Gnade allein" rettet den Menschen. Kein menschliches Werk vermag hier etwas: denn „Christus allein" hat für das Heil des Menschen genug ge-

tan. Dadurch werden die „guten Werke" nicht überflüssig. Sie sind nicht Bedingung und Voraussetzung für das Heil, sondern die notwendige Frucht des bedingungslos geschenkten Heils und Ausdruck des Dankes dafür. „Gute Werke machen nicht einen frommen Christen, aber ein Christ tut gute Werke" (Luther).

Katholische Ausprägung

Fundament und Wurzel der Rechtfertigung ist der Glaube, ohne den es unmöglich ist, Gott zu gefallen. Im Glauben überläßt sich der Mensch ganz Gott. Das Heil ist nicht menschlichem Können und Mühen, sondern Gottes zuvorkommender Gnade zu verdanken. Gott beruft die Menschen ohne jedes Verdienst durch seine zuvorkommende und helfende Gnade, daß sie sich in Freiheit von der Sünde abwenden und zu Gott hinwenden. Diese Hinwendung ist Tat Gottes und des Menschen zugleich. Der lebendige Glaube, daß der Sünder durch die Gnade Gottes gerechtfertigt wird, führt zur Hoffnung, daß Gott ihm um Jesu Christi willen gnädig sein werde. Der Mensch beginnt, Gott als Quell aller Gerechtigkeit zu lieben.

Das Sakrament der Taufe bewirkt die Rechtfertigung des Menschen. Christi Gerechtigkeit wird ihm nicht nur angerechnet, sondern geht ein in Sein, Haben und Tun des Menschen. Rechtfertigung ist nicht nur Vergebung der Sünden, sondern Heiligung und Erneuerung des inneren Menschen durch die Annahme der göttlichen Gnade. Sie bedeutet innere Wiedergeburt, Erneuerung, Gotteskindschaft. Glaube, Hoffnung und Liebe werden dem Menschen eingegossen. Christus schenkt den Gerechtfertigten seine Gnade, die ihren guten Werken vorausgeht und sie trägt, so daß sein eigenes Geschenk an den Menschen zu deren Verdienst wird.

3. Fruchtbare Kontroversen

Die Sache, um die es den Christen im 16. Jahrhundert ging, geht uns heute in gleicher Weise an, aber der historische Abstand erlaubt die Feststellung, daß, um biblische Wahrheiten auszusagen, jeweils Positionen bezogen wurden, die zu gegenseitigen Mißverständnissen geführt haben. Dennoch sind wir nicht der Meinung, daß beide Positionen identisch sind. Die Unterschiede wirken sich auf die Gestaltung des christlichen Lebens und der Frömmigkeit aus. Beide Kirchen wollen aber die Rechtfertigung allein durch Christus bekennen.

a) Die Evangelische Kirche fragt die Katholische Kirche, ob sie nicht im Rechtfertigungsgeschehen die Wirklichkeit, daß das Heil nicht menschlichem Können und Mühen, sondern Gottes zuvorkommender Gnade zu verdanken ist, verdunkelt, wenn sie neben dem Tun Gottes auch dem Tun des Menschen Bedeutung zumißt.
Die Katholische Kirche fragt die Evangelische Kirche, ob sie nicht Gottes Tun so sehr betont, daß Freiheit und Verantwortung des Menschen darüber verlorengehen.

b) Die Evangelische Kirche fragt die Katholische Kirche, ob in ihrer Lehre die sich auf Christi Verdienst gründende Gewißheit des Heiles nicht in Frage gestellt wird, wenn sie betont, daß der von der Gnade ergriffene Mensch sich in Freiheit von der Sünde abwenden und zu Gott hinwenden muß.
Die Katholische Kirche fragt die Evangelische Kirche, ob sie nicht die Heilsgewißheit so sehr auf Gottes Tun gründet, daß sie den Menschen zu falscher Sicherheit führt.

c) Die Evangelische Kirche fragt die Katholische Kirche, ob nicht in ihrer Lehre die biblische Wirklichkeit verkürzt wird, daß der Mensch der Sünde auch nach der Rechtfertigung ausgeliefert bleibt.
Die Katholische Kirche fragt die Evangelische Kirche, ob ihre Lehre der biblischen Wirklichkeit von der neuschaffenden Macht der Gnade hinreichend gerecht wird.

d) Die Evangelische Kirche fragt die Katholische Kirche, ob nicht das Tun des Menschen zu sehr als Verdienst gewertet wird.
Die Katholische Kirche fragt die Evangelische Kirche, ob nicht bei ihrer Rechtfertigungslehre der Mensch zu Untätigkeit und mangelndem Verantwortungsbewußtsein geführt wird.

Die Kirche Jesu Christi

Die Kirche ist Stiftung Jesu Christi. Sie ist das Werk des menschgewordenen, gekreuzigten und auferstandenen Sohnes Gottes. Sein Leben, sein Tod und seine Auferstehung sind der unaufgebbare Grund der Kirche.
Sie lebt aus der Zusage seiner Gegenwart (Mt 28, 20). Er erhält und trägt sie bis zum Ende der Tage.
Christus ist der Herr seiner Kirche. Er leitet und regiert sie durch Wort und Sakrament. Er schenkt ihr seinen Geist, ohne den niemand sagen kann: Jesus ist der Herr (1 Kor 12, 3).
Christus ist die bleibende Mitte der Kirche. Er ist der Schlußstein, durch den der ganze Bau der Kirche zusammengehalten wird (Eph 2, 21).
Die Kirche steht unter dem Gericht Christi. Sie lebt immerfort von dem rettenden Erbarmen des Herrn.
Die Heilige Schrift beschreibt das Verhältnis zwischen Christus und seiner Kirche in vielen Bildern:
Die Kirche ist das Haus Gottes, aufgebaut auf dem Fundament, das Jesus Christus selber ist. Sie ist nicht Machwerk von Menschen, sondern Gründung Gottes.
Die Kirche ist die Herde, die von Christus als dem Hirten geleitet wird. In liebender Sorge um die Seinen führt er sie auf dem Weg durch die Zeit.
Die Kirche ist die von Christus geliebte Braut. Er hat sich ein für allemal für sie dahingegeben. Diese Hingabe des Herrn fordert auf seiten der Kirche die Antwort der Treue.
Die Kirche ist der Leib Christi. Haupt dieses Leibes ist Christus, von dem der ganze Leib seinen Aufbau und sein Wachstum erfährt.
Die Kirche ist das Volk Gottes, das unterwegs ist, seiner endzeitlichen Berufung entgegen.
Die Vielzahl der Bilder ist Ausdruck der Fülle der Beziehungen zwischen Christus und seiner Kirche. Sie ist so sehr mit ihm verbunden, daß sie sein Leib ist. Dennoch ist sie nicht einfachhin mit ihm identisch. Sie steht ihm gegenüber als Braut, der er seine Liebe schenkt und die ihm Liebe und Treue schuldet.
Die Kirche als Volk Gottes ist unterwegs. Sie trägt auf dem Weg durch die Zeit die Gestalt dieser Welt. So eignet ihr der Charakter der Vorläu-

figkeit. Sie tut ihren Dienst in der Kraft des auferstandenen Herrn. Die Kirche hat vom Herrn den Auftrag erhalten, das Reich Gottes unter allen Völkern anzukündigen. Ihr ist die Botschaft von der Versöhnung aufgetragen, zum Heil aller Menschen. Extra ecclesiam nulla salus. Das begründet nicht einen ausschließlichen Anspruch, sondern unterstreicht den ausschließlichen Auftrag für die Welt. Die Kirche lebt in der Hoffnung auf die Vollendung der Herrschaft Gottes am Ende der Tage. So betet sie immerfort: Dein Reich komme.
Durch das Wort des Evangeliums werden Menschen zur Kirche gesammelt. Sie ist die Gemeinschaft der Heiligen, weil Christus der Heilige ist und weil der Heilige Geist unverbrüchlich bei ihr bleibt. Dennoch ist sie zugleich Kirche der Sünder und sündige Kirche und bedarf der verzeihenden Liebe des Herrn in Buße und Erneuerung.

I. Sichtbarkeit der Kirche

1. Gemeinsame Voraussetzungen

Die Kirche ist der Leib Christi, das heißt die Gemeinschaft der Glieder, deren Haupt Christus ist und die im Glauben und in der Liebe mit Christus und untereinander verbunden sind. Sie ist die eine, heilige, katholische und apostolische Kirche. Sie lebt in den Formen menschlicher Gemeinschaft, nur im Glauben kann sie als Kirche Christi erkannt werden. Dabei orientiert sich der Glaube an Merkmalen, die ihm die Kirche Christi in der Welt erkennbar machen.

2. Unterschiedliche Ausprägungen

Katholische Ausprägung

Die Kirche ist das Werk des menschgewordenen, gekreuzigten und auferstandenen Herrn. Sie ist der Neue Bund, zu dem Gott alle Menschen berufen hat. In der irdischen Gemeinschaft der Kirche begegnet die Gnadenwirklichkeit Jesu Christi. Die Kirche Christi hat konkrete Gestalt (subsistit) in der Katholischen Kirche, die vom Papst und den Bischöfen geleitet wird. Damit ist nicht ausgeschlossen, daß außerhalb ihres Gefüges in einzelnen Menschen wie in Gemeinschaften vielfältige Elemente der Heiligung und Wahrheit zu finden sind, die als der Kirche von Christus geschenkte Gaben auf ihre Einheit hindrängen.

Reformatorische Ausprägung

Die Kirche ist die Gemeinschaft der Gläubigen, in der das Wort Gottes rein verkündigt wird und die Sakramente stiftungsgemäß verwaltet werden. Sie begegnet uns in der Gemeinde, die sich um Wort und Sakrament versammelt, ohne mit ihr identisch zu sein. Die wahre Kirche ist dem natürlichen Wahrnehmungsvermögen nicht erkennbar. Sie ist sichtbar und verborgen zugleich. Ihr Wesen ist dem Nichtglaubenden verhüllt, dem Glaubenden offenbar. In dieser Hinsicht hat sie Teil an der Verborgenheit ihres Herrn.
Die Gemeinschaft der Heiligen, wie sie im 3. Glaubensartikel bekannt wird, kann nicht mit einer der bestehenden Kirchen identifiziert werden. Alle Kirchen haben an der Kirche Jesu Christi teil, wenn in ihnen das Zeugnis von Jesus Christus treu weitergegeben wird.

3. Fruchtbare Kontroversen

a) Die Evangelische Kirche fragt die Katholische Kirche, mit welcher Berechtigung sie behauptet, daß die Kirche Jesu Christi konkrete Gestalt in der Kirche hat, die vom Papst und den Bischöfen geleitet wird. Da Christus der Herr der Kirche ist, der sie durch sein Wort regiert, kann nicht eine in der Geschichte gewordene, durch geschichtliche Ereignisse bedingte Institution, die dem geschichtlichen Wandel unterworfen ist, für sich in Anspruch nehmen, die konkrete Gestalt der Kirche Jesu Christi zu sein.
Die Katholische Kirche fragt die Evangelische Kirche, mit welcher Berechtigung sie verneinen kann, daß die Kirche Jesu Christi als eine bestimmte in der Geschichte gewordene Institution Gestalt gewinnt, da sie doch für den Glaubenden an Wort und Sakrament in der Welt erkennbar wird.

b) Wenn die Kirche die Gemeinschaft der *Glaubenden* ist, fragt die Evangelische Kirche die Katholische Kirche, ob unter dem Gesichtspunkt der Sichtbarkeit eine Gemeinschaft von Menschen, die gewiß

nicht nur aus Glaubenden besteht, für sich in Anspruch nehmen kann, daß die Kirche Jesu Christi in ihr konkrete Gestalt annimmt.
Wenn die Kirche die *Gemeinschaft* der Glaubenden ist, fragt die Katholische Kirche, ob unter dem Gesichtspunkt der Sichtbarkeit der Kirche Gemeinschaft so weit verflüchtigt werden kann, daß die Kirche Jesu Christi keine bestimmte institutionalisierte Gestalt gewinnt.

c) Die Katholische Kirche fragt die Evangelische Kirche, ob sie nicht die Christen in ihrer Gewißheit, der Kirche Jesu Christi anzugehören, verunsichert, wenn sie den Leib Christi lediglich auf die um Wort und Sakrament versammelte Gemeinde bezieht.
Die Evangelische Kirche fragt die Katholische Kirche, ob sie nicht die Christen in eine falsche Sicherheit versetzt, wenn für sie die Kirche Christi mit einer wahrnehmbaren Institution zusammenfällt.

d) Die Katholische Kirche fragt die Evangelische Kirche, ob sie nicht die Kirche Christi spiritualisiert, wenn nicht mit Gewißheit erkennbare Zeichen für die Anwesenheit der Kirche als Leib Christi aufgezeigt werden können.
Die Evangelische Kirche fragt die Katholische Kirche, ob sie nicht die Kirche Christi materialisiert, wenn sie gewisse Auskunft gibt über die Anwesenheit der Kirche als Leib Christi in einer bestimmten Institution.

II. Einheit der Kirche

1. Gemeinsame Voraussetzungen

Die Kirchen gehen davon aus, daß Gottes Wille auf die Einheit der Kirche gerichtet ist. Sie hat ihren Grund in Christus, unserem ewigen Heil. Die Einheit der Kirche ist Gabe und Aufgabe. Weil Christus die Kirche als die eine gestiftet hat, will er, daß diese Einheit sich in der Geschichte verwirklicht. Trennung der Kirche ist gegen Gottes Willen. Die Kirchen empfinden bestehende Trennungen als Last und Not und erkennen Gebet und Arbeit für die Einheit als ihre Aufgabe an.

2. Unterschiedliche Ausprägungen

Katholische Ausprägung

Jesus Christus hat die Kirche als eine gegründet, die in ihrer Einheit in der Geschichte sichtbare Gestalt gewinnt, wenngleich es immer ein Geheimnis des Glaubens bleibt, daß es sich in dieser sichtbaren Gemeinschaft um die eine Kirche Jesu Christi handelt.

Kirchesein fällt nicht schlechthin mit der Katholischen Kirche zusammen. Auch außerhalb der Katholischen Kirche finden sich vielfache Elemente von Kirche. Die Konzilstexte wenden deshalb die Begriffe „Kirchen und kirchliche Gemeinschaften" auch auf andere christliche Gemeinschaften an. Sie haben teil an der von Christus gestifteten Kirche. Es gibt eine sich in verschiedener Dichte ereignende Verwirklichung von Kirche als Stiftung Jesu Christi. Nach katholischer Auffassung ist die Katholische Kirche „mit dem ganzen Reichtum der von Gott geoffenbarten Wahrheit und der Gnadenmittel beschenkt" (Dekret des II. Vatikanischen Konzils über den Ökumenismus, Nr. 4). Diese Fülle besagt jedoch nicht Vollkommenheit. Die Katholische Kirche ist deshalb ständig aufgerufen, die ihr geschenkte Fülle in ihrem Leben zu verwirklichen.

Auch außerhalb der Katholischen Kirche gibt es „viele und bedeutende Elemente oder Güter, aus denen insgesamt die Kirche erbaut wird und ihr Leben gewinnt" (Dekret des II. Vatikanischen Konzils über den Ökumenismus, Nr. 3). Die Teilhabe an den von Christus gestifteten Elementen der kirchlichen Wirklichkeit begründet den Grad des Kircheseins der nicht-katholischen Kirchen und kirchlichen Gemeinschaften. Der Begriff „Kirche" und „kirchlich" kann von ihnen in theologischer Bedeutung ausgesagt werden, weil in ihnen kirchenbildende Elemente verwirklicht sind. Solche kirchenbildenden Elemente sind das Leben aus der Gnade, die Hochschätzung des Wortes Gottes, Glaube, Hoffnung und Liebe und andere Gaben des Heiligen Geistes. In ihrem Dienst stehen sichtbare Elemente: z. B. die Gemeinschaft im Bekenntnis des Glaubens, in den Sakramenten und im kirchlichen Amt.

Taufe und Glaube bewirken eine grundlegende Verbundenheit der nicht-katholischen Kirchen und kirchlichen Gemeinschaften mit der Katholischen Kirche, wenngleich damit die volle Gemeinschaft noch nicht gegeben ist. Maß für den Grad der Verbundenheit und der Gemeinschaft ist die Verwirklichung der kirchenbildenden Elemente, der Gemeinschaft im Glauben, in den Sakramenten und im apostolischen Amt. Es kann sein, daß in einer nicht-katholischen Kirche einzelne Elemente der Kirchlichkeit das christliche Leben stärker prägen als in der Katholischen Kirche. Die Kirchen und kirchlichen Gemeinschaften außerhalb der Katholischen Kirche sind nicht ohne Bedeutung im Heilsplan Gottes. Indem sie an der Wirklichkeit der Kirche teilhaben, sind sie Mittel des Heils. Alles, was an Gaben des Heils in ihnen verwirklicht ist, kann auch der Katholischen Kirche zur Auferbauung und zum Vorbild dienen.

Reformatorische Ausprägung

Die Einheit der Kirche gründet in Gottes Heilshandeln in Christus. Die Einheit gehört zum Wesen der Kirche. Sie ist eine Grundgegebenheit. Weil das Einssein der Kirche im Christushandeln Gottes gegeben ist und gründet, tritt es nicht verfügbar zutage, sondern ist eine verborgene und nur im Glauben zu erkennende Wirklichkeit. Das bedeutet jedoch nicht, daß die Einheit der Kirche spiritualistisch verflüchtigt wird. Die in Christus vorgegebene Einheit will in der Geschichte Gestalt annehmen und zur Wirklichkeit kommen. So wird sie für die Gläubigen zur Aufgabe. Einheit der Kirche kann nur so recht bezeugt werden, daß man sich von dem einen Herrn für sie beanspruchen läßt. Die Einheit der Kirche ist nicht Menschenwerk. Zu Trennungen ist es immer wieder gerade dann gekommen, wenn man versucht hat, die Einheit der Kirche auf menschliche Weise herzustellen. Die Christen haben verantwortlich und gehorsam darauf zu achten, daß die Einheit der Kirche in der rechten Weise nach dem Willen Christi gestaltet wird.
Wo das Evangelium lauter, d. h. gemäß der Heiligen Schrift, verkündigt wird und die Sakramente recht, d. h. gemäß der Einsetzung durch Christus, verwaltet werden, da ist die Einheit der Kirche gegeben; und wo Menschen sich um Wort und Sakrament sammeln, da ist das Entscheidende zur Verwirklichung des Einsseins der Kirche geschehen. Die Einheit der Kirche verwirklicht sich also wesentlich als Gemeinschaft an Wort und Sakrament.
Das Bekenntnis der Kirche schafft nicht ihre Einheit, aber im Bekenntnis anerkennt die Kirche den Grund ihrer Einheit. Die als Verkündigungs- und Sakramentsgemeinschaft konstituierte Kirche wird als Bekenntnisgemeinschaft geschichtlich wirksam. Das gemeinsame Bekenntnis zum Evangelium ist für die Einheit der Kirche hinrei-

chend und notwendig. Formen der Verfassung und Leitung der Kirche, Formen des Gottesdienstes und der Frömmigkeit, Lebensordnungen der Gemeinde, Systeme der Theologie und Programme der Ethik sind für die Verwirklichung von Kirchengemeinschaft nicht ausschlaggebend.
Nicht in einer uniformen Einheitskirche kommt die Einheit der Kirche angemessen zum Ausdruck. Einheit der Kirche als Sammlung um Wort und Sakrament schließt eine mögliche Vielfalt äußerer Gestalt und Ordnung ein.

3. Fruchtbare Kontroversen

a) Wenn die Kirchen gemeinsam bekennen, daß Gottes Wille die Einheit der Kirche ist, wird die Evangelische Kirche von der Katholischen Kirche gefragt, ob sie recht daran tut, bei dem Miteinander unabhängiger Kirchen zu bleiben oder ob nicht der Wille Gottes die eine Kirche in geschichtlicher Verwirklichung ist.
Die Katholische Kirche wird von der Evangelischen Kirche gefragt, inwiefern das Wesen der Kirche als Christusgemeinschaft die organisatorische Einheit fordert.

b) Wenn die Kirchen gemeinsam bekennen, daß die Einheit der Kirche sich in der Geschichte verwirklicht, wird die Evangelische Kirche von der Katholischen Kirche gefragt, ob für sie die Einheit der Kirche nicht nur eine spiritualistische Größe ist.
Die Katholische Kirche wird von der Evangelischen Kirche gefragt, mit welchem Recht sie die Einheit der Kirche in der Katholischen Kirche verwirklicht sieht.

c) Wenn die Kirchen Gebet und Arbeit für die Einheit der Kirche gemeinsam als ihre Aufgabe ansehen, wird die Evangelische Kirche von der Katholischen Kirche gefragt, ob sie sich mit einem Miteinander der Kirchen zufriedengeben kann und warum sie nicht ein höheres Maß von institutioneller Einheit für erforderlich hält.
Die Katholische Kirche wird von der Evangelischen Kirche gefragt, ob ihre Auffassung von Einheit der Mannigfaltigkeit der den Kirchen geschenkten Gaben nicht zu wenig Raum läßt.

III. Zugehörigkeit zur Kirche

1. Gemeinsame Voraussetzungen

Zur Kirche gehört, wer in die Gemeinschaft mit dem Herrn Christus aufgenommen, d. h. ein Glied am Leibe Christi geworden ist. Die Aufnahme in die Gliedschaft Christi geschieht durch die Taufe. Die Taufe will im Glauben angenommen und im Leben bewährt werden. Dazu ist erforderlich, daß der Getaufte in der Kirche lebt, in der das Evangelium verkündigt und die Sakramente dargereicht werden.

2. Unterschiedliche Ausprägungen

Katholische Ausprägung

Durch das Sakrament der Taufe wird der Mensch zum Christen. Er wird in den Leib Christi eingegliedert. Die Taufe ist das sakramentale Band der Einheit der Getauften mit Christus und untereinander.
Christsein hat immer mit der Kirche zu tun. Die durch die Taufe grundgelegte Gemeinschaft ist hingeordnet auf die volle Gemeinschaft mit der Kirche. Die Taufe ist Anfang und Ausgangspunkt. Sie ist „hingeordnet auf das vollständige Bekenntnis des Glaubens, auf die völlige Eingliederung in die Heilsveranstaltung, wie Christus sie gewollt hat, schließlich auf die vollständige Einfügung in die eucharistische Gemeinschaft" (Dekret des II. Vatikanischen Konzils über den Ökumenismus, Nr. 22).
Zur vollen Gemeinschaft der Kirche gehören alle, die Christi Geist empfangen haben, in der sichtbaren Gemeinschaft der Kirche mit Christus verbunden sind im Bekenntnis des einen Glaubens, in der Gemeinschaft der Sakramente sowie in der Einheit der kirchlichen Leitung und des kirchlichen Lebens.
Alle Christen, die durch das Sakrament der Taufe Christus eingegliedert sind, aber nicht die Fülle der Wahrheit bekennen oder die sichtbare Gemeinschaft mit der Katholischen Kirche nicht wahren, stehen in einer gewissen, wenn auch nicht vollkommenen Gemeinschaft mit der Katholischen Kirche. Die Gemeinschaft kann von größerer oder geringerer Dichte sein. Entsprechend dem Grad der Gemeinschaft

verwirklicht sich die Zugehörigkeit zur Kirche in verschiedenen Stufungen.

Da Gottes Heilswille alle Menschen umfaßt, sind auch jene, die noch nicht zum Glauben an Jesus Christus gekommen sind und die Taufe noch nicht empfangen haben, zur Kirche gerufen.

Die Zugehörigkeit zur Kirche als dem Ursakrament zeigt die Gemeinschaft mit Christus und das Leben im Heiligen Geist an. Wo die Gemeinschaft mit Christus in Glaube, Hoffnung und Liebe gänzlich fehlt, wird die Zugehörigkeit zur Kirche zu einem rein äußerlichen Zeichen. Andererseits kann der Heilige Geist auch bei einer unvollkommenen Gemeinschaft mit der Kirche die Fülle der Gnade wirken; diese drängt jedoch zur vollen Gemeinschaft mit der Kirche.

Reformatorische Ausprägung

Die Kirche, die durch das Evangelium gewirkt ist, ist die Gemeinde der wahrhaft Christusgläubigen. Sie wird jedoch nicht durch das Zusammensein der Gläubigen konstituiert und von deren Gläubigkeit getragen. Sie ist Kirche der Gläubigen als die durch das Evangelium gesammelte und zusammengehaltene Gemeinschaft der Gläubigen. Jesus Christus macht die Kirche zur Kirche.

Wo und wann Wort und Sakrament wirken, behält Gott seiner Vollmacht vor, so gewiß Wort und Sakrament gemäß seiner Verheißung wirksam sind. Die Getauften sind Glieder der Kirche Jesu Christi, jedoch ist verborgen, wer von ihnen zu ihren *wahren* Gliedern gehört. Es muß zwischen äußerer Kirchenzugehörigkeit und wirklicher Gliedschaft am Leibe Christi unterschieden werden; letztere ist unter der ersteren verborgen. Gott allein kennt die Seinen! Er allein kennt die Grenzen der Kirche. Der Glaube weiß zwar wohl um Gottes Heilshandeln in Wort und Sakrament. Der Glaube ist auch dessen gewiß, daß wirklich Glaubende da sind, weil Gottes Wort und Sakrament nicht leer zurückkommen, jedoch weiß er nicht, bei wem Gottes Heilshandeln zur rettenden Wirkung kommt.

Wenn auch in den Gläubigen das Wirken Gottes oft unter Zweifel und Anfechtung verborgen ist, dürfen sie doch gewiß sein, zum Leib Christi zu gehören, denn der Christ ist gerecht und Sünder zugleich.

Ob und wie Gott Menschen, die Christus nicht kennen und darum nicht zur Kirche gehören, zur Rettung führt, ist seiner Gnade anheimgestellt.

3. Fruchtbare Kontroversen

Wenn die Kirchen gemeinsam bekennen, daß zur Kirche gehört, wer in die Gemeinschaft mit Christus aufgenommen ist, wird die Evangelische Kirche von der Katholischen Kirche gefragt, ob sie der Zugehörigkeit zur Kirche in konkreter Gestalt nicht zu wenig Bedeutung beimißt.
Die Katholische Kirche wird von der Evangelischen Kirche gefragt, mit welcher Berechtigung sie die Zugehörigkeit aller Getauften zur Kirche ausschließlich, wenn auch in Stufungen, auf sich bezieht.

IV. Ordnung der Kirche

1. Gemeinsame Voraussetzungen

Als Stiftung Christi verfügt die Kirche nicht eigenmächtig über ihre Ordnung. Die Ordnung der Kirche unterliegt zwar der geschichtlichen Entwicklung, hat aber jeweils dem Auftrag Gottes, daß die Kirche Sendbotin für die Welt zu sein hat, zu dienen.

2. Unterschiedliche Ausprägungen

Katholische Ausprägung

Die Grundgestalt der Ordnung der Kirche ist durch den Stiftungswillen Christi vorgegeben. In Wort und Sakrament wird die Sendung Christi zum Heil der Menschen aller Zeiten wirksam. Christus hat seine Sendung an die Apostel und durch sie an deren Nachfolger weitergegeben. Dadurch ist die Ordnung der Kirche bestimmt. Durch das Apostelamt, mit dem besonderen Amt des Petrus, soll die Einheit der an Christus glaubenden Gemeinschaft gewahrt werden. Durch das priesterliche Dienstamt, das vom allgemeinen Priestertum aller Gläubigen wesenhaft und nicht nur gradmäßig verschieden ist, wird das Amt Christi in der Verkündigung des Evangeliums, in der Leitung der Gemeinde, in der Spendung der Sakramente, vor allem in der Sündenvergebung und der Feier der Eucharistie gegenwärtig. Das Miteinander und Gegenüber von Amt und Gemeinde, die beide unter der Weisung ihres Hauptes Christus stehen und durch das Wirken des Geistes einander zugeordnet sind, gehört zur bleibenden Grundordnung der Kirche.

Diese Ordnung hat dienende Funktion; sie bewirkt, daß die Kirche sich nie in sich selber verschließen kann, sondern immer wieder auf Christus als Haupt und Ursprung verwiesen wird.

Die stiftungsmäßigen Grundelemente sind immer in geschichtlicher Entfaltung Wirklichkeit. So gibt es das Unwandelbare in der Ordnung der Kirche nur in wandelbarer Gestalt. Die konkrete geschichtliche Verwirklichung der von Christus gestifteten Grundordnung erfolgt durch die Kirche im Gehorsam gegen den Willen Christi, ihres Herrn.

Reformatorische Ausprägung

Kirchliche Ordnungen haben Sinn und Wert nicht in sich selbst. Sie sind notwendig um des Dienstes willen. Gottes kirchengründendes Handeln geht durch Wort und Sakrament in diese Welt. Alle Kirchenordnungen haben ihre Legitimität nur darin, daß sie Gottes kirchenschaffendem Willen dienen.

Die schriftgemäße Verkündigung des Evangeliums und die stiftungsgemäße Spendung der Sakramente zur Sammlung und Auferbauung der Gemeinde sind von Gott angeordnet. Alle kirchliche Ordnung ist so zu gestalten, daß sie dieser Ordnung dient. Danach ist sie zu beurteilen. So hat die Kirche verantwortlich über ihren Ordnungen zu wachen, damit sie die Verkündigung des Evangeliums fördern und ihr nicht im Wege sind.

Es gibt keine unmittelbar gesetzte göttliche Ordnung in der Kirche. Es muß immer wieder gefragt werden, wie in der jeweiligen Situation der der Kirche aufgetragene Dienst angemessen ausgerichtet werden kann. Die Ordnungen der Kirche knüpfen an das geschichtlich Überkommene an und führen Bewährtes weiter.

3. Fruchtbare Kontroversen

a) Wenn die Kirchen gemeinsam bekennen, daß die Kirche nicht eigenmächtig über ihre Ordnung verfügen kann, wird die Evangelische Kirche von der Katholischen Kirche gefragt, ob sie sich auf die Heilige Schrift berufen kann, wenn sie erklärt, daß es keine unmittelbar gesetzte göttliche Ordnung in der Kirche gibt.

Die Katholische Kirche wird von der Evangelische Kirche gefragt, ob sie sich hinsichtlich ihrer Ordnung, die nach ihrer Überzeugung göttlichen Rechts ist, auf die Heilige Schrift berufen kann.

b) Wenn die Kirchen sich gemeinsam hinsichtlich der Ordnung der Kirche zum Wandel in geschichtlicher Kontinuität bekennen, wird die Evangelische Kirche von der Katholischen Kirche gefragt, ob die Kontinuität mit dem Ursprung bei der Gestaltung ihrer Ordnung gewahrt bleibt.
Die Katholische Kirche wird von der Evangelischen Kirche gefragt, ob sie bei der Gestaltung ihrer Ordnung den geschichtlichen Notwendigkeiten den gebührenden Raum gibt.

c) Wenn die Kirchen gemeinsam davon ausgehen, daß die Ordnung der Kirche ihrem Auftrag zu dienen hat, wird die Evangelische Kirche von der Katholischen Kirche gefragt, ob nicht eine weitgehende Freigabe der Ordnung die schriftgemäße Verkündigung und die stiftungsgemäße Sakramentsverwaltung gefährdet.
Die Katholische Kirche wird von der Evangelischen Kirche gefragt, ob nicht die strenge Bindung an die weitgehend festgelegte Grundgestalt der kirchlichen Ordnung den Lauf des Evangeliums hindert, statt ihm zu dienen.

Sakramente

In Jesus Christus hat Gott sein Erbarmen den Menschen endgültig mitgeteilt. Im menschgewordenen Gottessohn, dem alleinigen Mittler des Heils, ist Gottes Güte sichtbar erschienen. In ihm begegnet Gott den Menschen. In ihm erkennen und empfangen wir Gottes Heil.
Nach seiner Verheißung wirkt Jesus Christus unter den Menschen in seiner Kirche. Hier will Gott dem Menschen im Wort und in den Sakramenten zum Heil begegnen. Die Sakramente der Kirche sind von Christus eingesetzte sichtbare Zeichen und Mittel der Gnade, die auf Gottes Heil hinweisen und zugleich die Kraft des in ihnen wirkenden Herrn vermitteln.
Die Verwaltung der Sakramente hat Christus der Kirche anvertraut. Sie sind nicht magische Handlungen, in denen der Mensch über Gott verfügt. Daß Gott in diesen Zeichen den Menschen seine Gnade schenkt, entspringt seinem freien Erbarmen. Durch die Sakramente als Gnadenzeichen des Neuen Bundes eignet Gott dem Menschen sichtbar seine Gnade zu. Die Sakramente haben nicht nur eine Deutefunktion, d. h. sie weisen nicht nur darauf hin, daß Gott den Menschen gnädig begegnet; durch den Vollzug des von Christus gestifteten sakramentalen Zeichens wirkt die Gnade im Empfänger, sofern derselbe sie gläubig annimmt. Da Gott seine Gnade an die Sakramente gebunden hat, ist die Wirksamkeit der Gnade nicht abhängig von der Würdigkeit des Spenders der Sakramente.
Im Sakrament verbindet sich das Wort mit dem Zeichen. Das Zeichen wird in den Dienst des Heiles gestellt, indem das Stiftungswort über ihm ausgesprochen wird. „Nimm das Wort weg, und was ist das Wasser als eben Wasser? Es tritt das Wort zum Element, und es wird Sakrament, auch dieses gleichsam ein sichtbares Wort" (Augustinus, Predigt über das Johannesevangelium).
Jesus Christus ist nicht nur der Stifter, sondern auch der bleibende Herr und Spender der Sakramente. Er ist gegenwärtig, wo in der Kirche sein Wort verkündigt wird und seine Sakramente gespendet werden. Die Sakramente wirken das persönliche Heil des einzelnen und gliedern ihn ein in die Gemeinschaft der Heiligen.

I. Wort und Sakrament

1. Gemeinsame Voraussetzungen

Die Kirchen lehren gemeinsam, daß nach Gottes Willen das Evangelium gepredigt und die Sakramente verwaltet werden sollen und daß in ihnen Gott der Welt das Heil in Christus anbietet.

2. Unterschiedliche Ausprägungen

Reformatorische Ausprägung

Die reformatorischen Kirchen bekennen, daß Gottes Heil in Christus von den Menschen unter Vermittlung durch Wort und Sakrament empfangen wird. Beide sind in Gottes Stiftung begründet und bewirken, daß Menschen, die sie im Glauben aufnehmen, zur Gemeinde gesammelt werden.
Die Heilige Schrift beantwortet nicht die Frage, warum neben das Wort die Sakramente treten und umgekehrt. Gott, der auf das Heil der Menschen bedacht ist, will, daß es ihnen im Wort und in den Sakramenten begegnet.
Nimmt man freilich Wort und Sakrament als freie Stiftungen Gottes entgegen, so läßt sich aussagen, in welcher Weise es unserem Glauben dient, daß Wort und Sakrament einander zugeordnet sind: Die Verkündigung des Wortes Gottes wird von den Sakramenten als Verkündigungshandlungen begleitet und wird so gegen das Mißverständnis geschützt, als bestünde sie aus leeren Worten. Andererseits werden die Sakramente von der Wortverkündigung begleitet und so gegen das Mißverständnis geschützt, als könnten Dinge und Handlungen aus sich heraus das Heil vermitteln. Die Zusammengehörigkeit von Wort und Sakrament kommt darin zum Ausdruck, daß bei der Feier des Sakramentes Worte des Evangeliums gesprochen werden und daß die Verkündigung des Wortes mit der Feier des Sakramentes verbunden wird und zu ihr hinführt. Wort und Sakrament halten gemeinsam den Glauben bei dem Heil, das in Christus offenbar ist.
Für das Verhältnis von Wort und Sakrament ist zu bedenken, daß im Wort angelegte Bezüge durch die Sakramente verstärkt zum Ausdruck gebracht werden. So meint die Verkündigung des Wortes den

einzelnen Hörer und erwartet seine Antwort. Indem der einzelne das Sakrament empfängt, wird zum Ausdruck gebracht, daß Gottes Heil ihm persönlich gilt. Daß das Wort Gottes auf den ganzen Menschen zielt, bringen die Sakramente verstärkt zum Ausdruck, indem sie vom Menschen mit allen seinen Sinnen aufgenommen werden wollen. Daß das Wort die Menschen zur Gemeinschaft der Heiligen sammelt, bezeugen die Sakramente, indem sie in die Gemeinde hineinnehmen (Taufe) und Gemeinschaft stiften (Eucharistie).

Katholische Ausprägung

Die Kirche hat vom Herrn den Auftrag, das Wort Gottes zu verkünden und die Sakramente zu spenden. Gottes Heilshandeln ereignet sich in Wort und Sakrament, die innerlich miteinander verbunden sind. Das Wort der kirchlichen Verkündigung hat sakramentalen Charakter. In der Verkündigung des Wortes und in seiner gläubigen Annahme ereignet sich Heil. Das Wort ist wirksame Verkündigung der göttlichen Gnade. Wie das Wort sakramentalen Charakter hat, so hat das Sakrament Wortcharakter. Die Sakramente haben teil am Verkündigungsgeschehen. Das sakramentale Zeichen wird wesentlich durch das Wort konstituiert. Die dichteste Form der Verkündigung des wirksamen Wortes Gottes in der Kirche ist das Sakrament. Das Sakrament, in der Autorität Christi gespendet, bewirkt, was es bezeichnet.

3. Fruchtbare Kontroversen

Wenn die Kirchen sich gemeinsam zu der Zueignung des Heils durch Wort und Sakrament bekennen, fragt die Evangelische Kirche die Katholische Kirche, mit welchem Recht sie dem Sakrament einen höheren Rang als dem Wort zuerkennt.
Die Katholische Kirche fragt die Evangelische Kirche, ob es nicht zur Vernachlässigung der Sakramente führen kann, wenn das Heil schon vollgültig durch das Wort geschenkt wird.

II. Stiftung der Sakramente

1. Gemeinsame Voraussetzungen

Die Kirchen lehren gemeinsam, daß die Sakramente durch Christus selbst eingesetzt sind und daß die Heilige Schrift diese Stiftung durch Christus bezeugt.

2. Unterschiedliche Ausprägungen

Reformatorische Ausprägung

In den reformatorischen Kirchen werden solche Handlungen als Sakramente bezeichnet, deren Stiftung auf Christus zurückgeführt wird.
Nach kurzem Schwanken über die Beurteilung der Beichte haben sich die reformatorischen Kirchen für zwei Sakramente entschieden: die Taufe und das Abendmahl (Eucharistie). Von diesen wird vorausgesetzt, daß Christus selbst sie eingesetzt und angeordnet hat.
Diese Überzeugung ist bei den reformatorischen Kirchen ungebrochen geblieben, auch wenn die geschichtliche Nachforschung ergeben haben sollte, daß die Sakramente in ihrem jetzigen Verständnis und in ihrer jetzigen Gestalt erst später entstanden sind. Sie sind jedenfalls von Anfang an in der Kirche Jesu Christi und überall, wo man den Namen Christi bekannte, gefeiert worden. Sie knüpfen an Ereignisse in der Geschichte Jesu an, und der Christenheit ist es gewiß, daß ihre Feier dem Willen des erhöhten Herrn entspricht und zu ihm unmittelbar durch den Glauben in Beziehung setzt.
Über die zwei Sakramente hinaus kennen die reformatorischen Kirchen Handlungen, deren Stiftung nicht auf Christus zurückgeführt werden kann und die in der Kirche entstanden sind. Sie sind hilfreiche Zeichen, sofern sie dem Evangelium nicht widersprechen. Sie haben jedoch keinen sakramentalen Charakter.

Katholische Ausprägung

Die Sakramente sind ein entscheidendes Element im Aufbau der Kirche. Sie sind in der kirchenstiftenden Tätigkeit Jesu Christi einbegriffen. Er allein gibt ihnen ihre heilwirkende Kraft. Der Rückbezug der Sakramente auf Jesus Christus und ihr Zusammenhang mit dem für alle Zeiten maßgebenden Anfang der Kirche wird in dem Begriff „Stiftung" festgehalten.

Im Neuen Testament findet sich weder der Begriff des Sakramentes im heutigen Sinn noch eine Zusammenfassung der sieben Sakramente; ausgenommen für Taufe und Eucharistie wird eine direkte Stiftung Jesu für die übrigen Sakramente nicht erwähnt. Dennoch gibt es Hinweise auch auf die übrigen Sakramente. Aus der im Neuen Testament gegebenen verbindlichen Grundlage des christlichen Glaubens und Lebens hat sich im wachsenden Selbstverständnis der Kirche eine Entfaltung und Klärung des Begriffes und der Zahl der Sakramente vollzogen.

Die Katholische Kirche kennt sieben Sakramente: Taufe, Firmung, Eucharistie, Buße, Priesterweihe, Ehe und Krankensalbung. Jedes dieser Sakramente, die die Kirche erst im Laufe einer Jahrhunderte währenden Geschichte als sieben Sakramente zusammengefaßt hat, hat im Leben der Kirche und des Christen eine besondere Aufgabe. Sie sind für das Leben der Kirche und des Christen von unterschiedlicher Bedeutung.

Die sakramentalen Zeichenhandlungen haben im Laufe der Geschichte erhebliche Wandlungen erfahren. Da die Sakramente Lebensäußerungen der Kirche sind und ihre Verwaltung der Kirche anvertraut ist, hat die Kirche die Vollmacht, in Ausgestaltung und Konkretisierung des von Christus gestifteten Sakramentes Formen und Bedingungen für seine gültige Feier zu setzen.

3. Fruchtbare Kontroversen

a) Die Evangelische Kirche fragt die Katholische Kirche, ob bei ihrem Sakramentsverständnis die den Kirchen gemeinsame Bindung an die Schrift gewahrt bleibt, nach der das Schriftzeugnis für die Stiftung des einzelnen Sakramentes durch Christus unaufgebbare Voraussetzung sein muß.

Die Katholische Kirche fragt die Evangelische Kirche, warum sie, wenn auch sie mit der Möglichkeit rechnet, daß die Sakramente in ihrem jetzigen Verständnis durch die Kirche ausgebildet worden sind, die Zahl der Sakramente auf Taufe und Abendmahl einschränkt, wo doch offenbar nach dem Schriftzeugnis Ansätze für die übrigen Sakramente festzustellen sind.

b) Die Evangelische Kirche fragt die Katholische Kirche, ob sie in der von ihr beanspruchten Vollmacht, Formen und Bedingungen für die gültige Feier der Sakramente zu setzen, die durch klare Aussagen der Schrift gesetzten Grenzen einhält.
Die Katholische Kirche fragt die Evangelische Kirche, ob sie die notwendige Unterscheidung zwischen dem der Kirche gegebenen Auftrag zur Spendung der Sakramente und dem Vollzug in angemessener Weise wahrnimmt.

III. Taufe

1. Gemeinsame Voraussetzungen

Das Stiftungswort für die Taufe findet sich als Wort des erhöhten Herrn Mt 28. Jesus selbst ist von Johannes getauft worden. Die Kirche hat immer die Christus-Taufe zur Johannes-Taufe in Beziehung gesetzt. Sie hat in der Christus-Taufe die Handlung gesehen, durch die der Mensch einmalig und unwiederholbar in das Heil in Christus hineingenommen wird.
Die Heilige Taufe wird gemäß Christi Stiftung im Namen des Dreieinigen Gottes vollzogen. Dabei wird das Haupt des Täuflings dreimal mit Wasser begossen.
Durch die Taufe wird der Täufling in Christi Sterben und Auferstehen und damit in das Heil in Christus hineingenommen. Damit wird ihm die Vergebung der Sünden zugeeignet. Er wird zum Kind Gottes, das Gott Vater nennen darf. Er empfängt den Heiligen Geist. Er wird aufgenommen in die Heilsgemeinschaft Jesu Christi, in die Kirche. In der Taufe wird der Mensch wiedergeboren zum ewigen Leben. Die Taufe als grundlegende Zueignung des Heils ist unwiederholbar. Sie kann auch nicht ungeschehen gemacht werden.
Taufe und Glaube gehören zusammen. Darum werden Erwachsene gemäß der im Neuen Testament bezeugten Ordnung nach ihrem Bekenntnis des Glaubens getauft. Kinder werden getauft, weil das Heil in Christus von menschlichen Vorleistungen unabhängig für alle da ist. Die Taufe der Kinder soll nur dann erfolgen, wenn zu erwarten ist, daß die Voraussetzungen für das Hineinwachsen in Glauben und Leben der Gemeinde gegeben ist.

Die Taufe ist notwendig zum Heil. Das soll nicht bedeuten, daß kein Ungetaufter selig werden kann. Es bedeutet, daß diejenigen, die erkannt haben, daß sie des Heils in Christus bedürfen, sich bzw. die Kinder, für die sie verantwortlich sind, taufen lassen.
In der Taufe erhält der Mensch Anteil an der Sendung Christi. Sie verpflichtet ihn zu Gottesdienst und zum Gehorsam gegen Gott, zum Bekenntnis des Glaubens und zum Dienst an den Menschen.

2. Unterschiedliche Ausprägungen

Katholische Ausprägung

Durch die Taufe wird der Mensch vor Gott gerechtfertigt. Sie gibt dem Menschen, der sich ihrer Wirkung nicht verschließt, Anteil an dem von Christus gewirkten Heil. Er stirbt der Sünde und wird zum göttlichen Leben wiedergeboren. In der Verähnlichung und Vereinigung mit Christus ist der Christ aufgerufen zu einem Leben „mit Christus" und „in Christus".
In der Taufe wird der Mensch im Heiligen Geist mit Christus verbunden. Hierdurch erlangt er Versöhnung und Frieden mit Gott. Die Taufe bewirkt den Nachlaß der Sünden, der Erbsünde und der persönlichen Schuld. Doch bleibt auch der Getaufte von der Sünde angefochten. Er muß sich bleibend bemühen, in der Kraft der Taufgnade seine Hinneigung zur Eigenliebe und Selbstherrlichkeit, seine Schwäche und Trägheit zu überwinden.
Durch die Taufe wird der Mensch zum Glied am Leibe Christi. Dieser Bezug auf Christus und die Kirche prägt den Menschen bleibend (das unverlierbare Siegel).

Reformatorische Ausprägung

Die Taufe geschieht im Namen des Dreieinigen Gottes. Sie ist von Christus eingesetzt und wird in der Kraft des Heiligen Geistes vollzogen.
In der Taufe erfolgt die Verurteilung und Hinrichtung unseres alten Adam und zugleich unsere Begnadigung in der Gemeinschaft der Christenheit. Dieses hebt nicht auf, daß wir der Sünde unterworfen bleiben, bis wir sterben, aber zugleich der Gnade Gottes in Christus gewiß sein dürfen. Weil ein Neuanfang von Gott selber mit dem von

ihm dem Sterben überantworteten Menschen gesetzt wird, ist sachgemäß die Taufe als Wiedergeburt und Auferstehung des neuen Menschen zu bezeichnen.

Sie ist primär kein menschlicher Glaubens- und Gehorsamsakt, sondern das von Christus bestimmte Mittel der Eingliederung in seine Jüngergemeinde. Sie ist dem Glauben ihrem Wesen nach vorgeordnet, aber nur im Glauben wird sie zum Heil empfangen.

3. Fruchtbare Kontroversen

a) Die Evangelische Kirche fragt die Katholische Kirche nach der Lehre von der Aufhebung der Wirkung der Sünde, der durch die Taufe der Schuldcharakter genommen wird. Sie hält die Unterscheidung der Sünde, die in der Taufe vergeben wird, von einer Hinneigung zur Sünde, die nach der Taufe verbleibt, für nicht in der Schrift angelegt.
Die Katholische Kirche fragt die Evangelische Kirche, ob nicht die Bedeutung der Taufe geschmälert wird, wenn diese die Sünde zwar vergibt, aber der Wirkung der Sünde ihren Schuldcharakter nicht nimmt.

b) Die Evangelische Kirche fragt die Katholische Kirche, ob sie nicht die Bedeutung der Taufe schmälert, wenn sie das Bußsakrament neben die Taufe stellt.
Die Katholische Kirche fragt die Evangelische Kirche, ob nicht die Bedeutung der ständig notwendigen Buße im Leben des Christen verkannt wird, wenn dieser nicht eine eigenständige Bedeutung neben der Taufe zugemessen wird.

IV. Eucharistie

1. Gemeinsame Voraussetzungen

Die Feier des Abendmahls gründet in der Stiftung und im Befehl Christi. Im Abendmahl handelt Christus selbst unter dem, was die Kirche tut. Im Abendmahl wird das einmalige Kreuzesopfer Jesu Christi gegenwärtig. Im Abendmahl eignet uns der Herr die durch seinen Opfertod und seine Auferstehung ein für allemal erworbene Versöhnung zu. Unter Brot und Wein läßt er sich in seinem für alle in den Tod gegebenen Leib und in seinem für alle vergossenen Blut von uns nehmen.

2. Unterschiedliche Ausprägungen

Reformatorische Ausprägung

Das Abendmahl ist von Jesus Christus, dem für uns gestorbenen und auferstandenen Herrn, gestiftet. Die Berichte über die Einsetzung des Abendmahls stehen bei Paulus und in den synoptischen Evangelien im Zusammenhang des letzen Lebensabends Jesu. Mag man auch der Überzeugung sein, daß das Ursprüngliche von der späteren Übung her im einzelnen geprägt wurde, so besteht doch kein begründeter Zweifel daran, daß die in der Christenheit von Anfang an geübte Mahlfeier an bestimmten Ereignissen im Leben Jesu haftet.
Unter dem, was die Kirche in der Feier des Abendmahles tut, handelt Jesus Christus selbst als der durch sein Wort im Heiligen Geist gegenwärtige Herr. Er selbst lädt die, die an ihn glauben, an seinen Tisch, um mit ihnen Gemeinschaft zu haben und ihnen die Gaben des Evangeliums zuzueignen. Die Einladung ergeht nicht an Gerechte, sondern an Sünder, die ihr Heil in Christus suchen.
Das Abendmahl ist unlöslich mit der Verkündigung des zum Heil der Menschen geschehenen Todes Jesu und seiner Auferstehung verbunden. Die Gemeinde gedenkt in der Abendmahlsfeier des Todes Jesu. Aber ebenso tröstet sie sich seiner Gegenwart und wartet auf seine Wiederkunft in Herrlichkeit. Auf dem Wege dahin speist der Herr seine Gemeinde durch sein Mahl und stärkt sie zum Dienst und in der Anfechtung.
Diejenigen, die in Brot und Wein Christi Leib und Blut empfangen, treten in die Gemeinschaft des Leibes Christi, die Gemeinschaft der begnadigten Sünder. So ist das Abendmahl Gemeinschaftsmahl nicht nur im Sinne der Gemeinschaft mit Christus, sondern auch im Sinne der Gemeinschaft unter denen, die von dem einen Brot essen und dem einen Kelch trinken.
Es ist kirchliche Ordnung, daß die Abendmahlsfeier durch einen ordinierten Amtsträger geleitet wird.

Katholische Ausprägung

Im Sakrament der Eucharistie feiert die Kirche das Gedächtnis des Todes und der Auferstehung ihres Herrn. Die Eucharistie ist die sakramentale Darstellung und Vergegenwärtigung des Kreuzesopfers Jesu Christi. Das einmalige, nicht wiederholbare Heilsgeschehen wird im Sakrament der Eucharistie heilswirkende Gegenwart. Christus selbst ist der Opfernde, Christus selbst ist die Gabe.
Das Gedächtnis des Kreuzesopfers in der Feier der Eucharistie erfolgt im Zeichen des Mahles. Unter dem sakramentalen Wort werden Brot und Wein zu Leib und Blut Christi. So ist der gekreuzigte und erhöhte Herr wahrhaft, wirklich und wesentlich gegenwärtig, um den Gläubigen Anteil an seinem Leben, seinem Sterben und seiner Auferstehung zu geben.
Die Eucharistie ist Feier des Gottesvolkes. In jeder Eucharistiefeier stellt sich die Kirche dar als die um Christus versammelte Gemeinschaft. Das Sakrament der Eucharistie in seiner vollen Substanz kommt nur dort zustande, wo die Eucharistie unter dem Vorsitz eines Priesters gefeiert wird, der in der Vollmacht der Weihe das sakramentale Wort spricht.
Im Sakrament der Eucharistie schenkt Christus sich dem Christen, der sich ihm im Glauben öffnet. Die Eucharistie bewirkt eine personale Begegnung des Menschen mit Gott. Die Gemeinschaft mit Christus bewirkt und vertieft auch die Gemeinschaft untereinander. Durch die Teilnahme am einen Leib Christi werden die Gläubigen selbst zu einem Leib.

3. Fruchtbare Kontroversen

a) Die Katholische Kirche fragt die Evangelische Kirche, was es bedeutet, daß nach der Ordnung der Kirche die Ordination die Voraussetzung für die Verwaltung des Sakramentes ist.
Die Evangelische Kirche fragt die Katholische Kirche, warum der geweihte Priester konstitutive Bedeutung für die Eucharistiefeier hat.

b) Die Katholische Kirche fragt die Evangelische Kirche, ob Wahrhaftigkeit und Wirklichkeit der Gegenwart des Leibes und Blutes Christi in ihrer Abendmahlslehre hinreichend deutlich werden.
Die Evangelische Kirche fragt die Katholische Kirche, ob die Transsubstantiationslehre dem Geheimnischarakter des Abendmahles gerecht wird.

V. Übrige Sakramente

A) FIRMUNG / KONFIRMATION

1. Die Firmung

Die Katholische Kirche sieht den Schriftgrund des Sakramentes der Firmung in den Stellen der Heiligen Schrift, die von einer besonderen Handlung der Geistmitteilung nach der Taufe berichten (Apg 8, 14–17). Auf diesem Schriftgrund ist das Sakrament in der Kirche entfaltet worden. Es wird durch Salbung mit geweihtem Öl und Handauflegung und Gebet um Geistverleihung vollzogen. Die Firmung verleiht die Kraft des Heiligen Geistes zur Stärkung des Glaubens, zur Ermutigung im Bekenntnis, zur Bevollmächtigung zum christlichen Dienst in Kirche und Welt. Dadurch wird die in der Taufe grundgelegte Eingliederung in die Kirche vollendet.

Weil nach der Schrift Geistmitteilung durch die Handauflegung der Apostel erfolgt ist, ist in der Regel der Bischof der Spender des Sakramentes.

2. Die Konfirmation

Die Konfirmation ist von der Reformationszeit an im Gegensatz zur katholischen Firmung entstanden. Sie umfaßt mehrere Einzelhandlungen, um deren Entflechtung man sich bemüht hat; sie sind jedoch so eng verzahnt, daß diese Bemühungen bislang erfolglos blieben.

a) Die Unterweisung

Die Konfirmation setzt kirchliche Unterweisung voraus. Wenn auch die Unterweisung im Worte Gottes auf der Grundlage der Taufe das ganze Leben hindurch geschehen soll, so ist doch dann ein vorläufiger Abschluß erreicht, wenn sich die Kinder in einem Unterrichtsgespräch, das in der Regel dem Konfirmationstag vorangeht, vor der Gemeinde ausweisen.

b) Das Glaubensbekenntnis

Die Kinder bekennen das Apostolische Glaubensbekenntnis, das bei ihrer Taufe von Eltern, Paten und Gemeinde bekannt worden ist, und machen es sich damit selbst zu eigen. Bekenntnis des Glaubens schließt Bereitschaft zum Gehorsam ein.

c) Die Einsegnung

Diese ist der Zuspruch des Segens Gottes als Antwort auf das Fürbittengebet der Gemeinde für die Konfirmanden. Sie geschieht in der Regel so, daß jedem Konfirmanden ein besonderes Schriftwort als Richtschnur für den Lebensweg zugesprochen wird.

d) Die Abendmahlszulassung

Aufgrund des Bekenntnisses und des Segenszuspruches werden die Konfirmanden zum Heiligen Abendmahl zugelassen. Nach reformatorischer Lehre ist die Zulassung zum Abendmahl an diese Voraussetzung gebunden, weil das Abendmahl das Sakrament für Christen ist. So halten die reformatorischen Kirchen an dem schon im Neuen Testament vorhandenen Profanierungsverbot fest.

e) Die Verleihung der sogenannten kirchlichen Rechte

Der abendmahlsberechtigte Christ hat nach Maßgabe seines Alters an den übrigen kirchlichen „Rechten" teil; er erlangt z. B. mit der Konfirmation das Recht, das Patenamt zu übernehmen und bei entsprechendem Alter das aktive und passive Wahlrecht auszuüben.

B) BUSSE / BEICHTE

1. Das Sakrament der Buße

Der Christ bleibt angefochten von der Sünde und verfällt ihr immer wieder. Umkehr und Buße gehören daher wesentlich zum christlichen Leben. In der Sünde wendet sich der Mensch von Gott und der Gemeinschaft der Heiligen ab. Gott will das Heil des Sünders, daß er sich bekehre und lebe. Wie Christus sich der Sünder annimmt, so muß auch die Kirche den Dienst der Versöhnung tun.

Im Sendungsauftrag Christi wird die Vollmacht zum Dienst der Versöhnung, zur Vergebung der Sünden besonders hervorgehoben. Auf diesem Schriftgrund (Mt 18, 15–20; Joh 20, 21; 2 Kor 5) ist das Sakrament der Buße entfaltet worden. Die unter Mitwirkung der Kirche und der maßgeblichen Beteiligung der kirchlichen Amtsträger vollzogene Buße ist nach Lehre der Kirche ein Sakrament. In dem von der Kirche vollzogenen Zeichen der Wiederaufnahme des Sünders wirkt Gott Vergebung und nimmt ihn wieder in seine Gemeinschaft auf.
Der Vollzug des Bußsakramentes unterliegt in der Geschichte der Kirche vielfachen Veränderungen. Seine bleibenden Elemente sind das persönliche Bekenntnis und die tätige Reue des Sünders sowie die Erteilung der Absolution durch den Priester.

2. Die evangelische Beichte

In den reformatorischen Kirchen ist die „private Beichte" als gottesdienstliche Handlung außer Übung gekommen. Die Beichte entgegenzunehmen und Absolution zu erteilen, ist Recht und Pflicht aller Christen. Der ordinierte Amtsträger ist aufgrund seines Auftrages zu diesem Dienst in besonderer Weise verpflichtet. Die öffentliche Beichte mit der Absolution durch den Amtsträger ist eine gottesdienstähnliche Handlung und gilt nicht als besonderes Sakrament. Das Beichtgebet wird gemeinsam gesprochen, die Beichtenden bekräftigen es mit ihrem „Ja"; darauf wird die Absolution erteilt.

C) WEIHE / ORDINATION

1. Das Sakrament der Weihe

Die Taufe verleiht dem Christen Anteil am priesterlichen Amt Jesu Christi. Das Volk Gottes ist ein priesterliches Volk. In diesem Volk hat Jesus Christus ein besonderes Amt gestiftet.
Dieses priesterliche Amt wird in der Kirche durch das Sakrament der Weihe übertragen. Der Schriftgrund für dieses Sakrament sind die Aussagen über die Weitergabe des Amtes unter Handauflegung und Gebet (1 Tim 4, 14; 2 Tim 1, 6).
Das Sakrament der Weihe bevollmächtigt zum priesterlichen Dienst am Volke Gottes, zur Teilhabe am Amt Christi, des Lehrens, des Hirten und des Priesters.

Das Sakrament der Weihe ist in drei Stufen entfaltet: der Bischofsweihe, der Priesterweihe und der Diakonatsweihe. Eine jede dieser Weihen gibt in unterschiedlicher Weise Anteil an dem Amt Christi. Die Bischofsweihe verleiht die Fülle der Weihegewalt. Priesterweihe und Diakonatsweihe geben in unterschiedlichem Ausmaß daran Anteil.
Der Spender des Sakramentes der Weihe ist gemäß apostolischer Tradition der Bischof.

2. Die Ordination

Die reformatorischen Kirchen unterscheiden zwischen dem allgemeinen Priestertum und dem Amt der öffentlichen Wortverkündigung und Sakramentsverwaltung.
Beide sind von Christus gestiftet. Ins Priestertum wird der Mensch durch die Taufe aufgenommen; das Amt der öffentlichen Verkündigung wird durch die Ordination übertragen.
Das allgemeine Priestertum vollzieht der Gläubige in seiner Umgebung durch das Christuszeugnis in Wort und Tat. Das allgemeine Priestertum der Gläubigen ist Voraussetzung für die Ordination. Diese kann jedoch nicht aus dem allgemeinen Priestertum abgeleitet werden. Sie gründet in dem Auftrag Christi an berufene Boten, das Wort auch öffentlich zu verkünden. Doch wird dieser Auftrag nicht im Sinne der Einsetzung eines besonderen Sakramentes verstanden.
Die Ordination ist eine Handlung der Kirche, in der diese kraft des ihr vom Herrn gegebenen Auftrages und in seinem Namen Gemeindeglieder, die vom Herrn die dazu erforderlichen Gaben empfangen haben, beruft und sendet, öffentlich und lebenslänglich Zeugen des Evangeliums zu sein. Im Mittelpunkt des Ordinationsgottesdienstes stehen Wortverkündigung und Zuspruch des Segens, in der Regel unter Handauflegung. Dem Ordinanden werden die Aufgaben seines Dienstes vorgehalten. Er bestätigt seinen Vorsatz, den Auftrag zu übernehmen. Er wird auf das Bekenntnis der Kirche für seine Lehre verpflichtet.

D) EHE / TRAUUNG

1. Das Sakrament der Ehe

Die Ehe ist vom Schöpfer begründet und von Jesus Christus in die Heilsordnung der Kirche aufgenommen worden. Die christliche Ehe bezeichnet das Geheimnis der Einheit und der fruchtbaren Liebe zwischen Christus und der Kirche und gibt den Ehegatten daran Anteil (Eph 5, 21–33). Auf diesem Schriftgrund ist das Sakrament der Ehe entfaltet worden. So wie Christus die Kirche liebt, sie in Geduld trägt und sie nicht verläßt, so sollen auch Eheleute einander lieben und vergeben, Freude und Leid miteinander teilen und sich die Treue halten, bis der Tod sie scheidet. Das Sakrament der Ehe befähigt die Eheleute, ihre Ehe dem Willen Christi gemäß zu leben.
Jede Ehe unter Christen ist Sakrament, das sich die Ehepartner spenden, indem sie sich in ihrem freien Jawort gegenseitig schenken und annehmen.
Als Sakrament der Kirche hat die Ehe Bedeutung für die kirchliche Gemeinschaft. Die von der Kirche für katholische Christen festgelegte Form der Eheschließung sieht vor, daß der Ehewille vor dem bevollmächtigten Vertreter der Kirche und zwei Zeugen geäußert wird. Die dem Sakrament der Ehe angemessene Form ist die Eheschließung im Rahmen einer gottesdienstlichen Handlung, nämlich der Trauung.
Nach katholischem Verständnis ist die sakramentale und vollzogene Ehe unauflöslich.

2. Die evangelische Trauung

Die kirchliche Trauung ist eine kirchliche Begleithandlung zur Eheschließung. Die reformatorischen Kirchen gehen davon aus, daß die Eheleute selbst die Ehe miteinander schließen. Da die Ehe eine „öffentliche Ordnung" ist, steht dem Staat das Recht zu, gesetzlich festzulegen, daß die Eheleute vor dem Vertreter des Staates ihren Ehewillen erklären und dieser feststellt, daß damit die Ehe geschlossen ist. Die Kirchen haben gegen dieses Verfahren solange nichts einzuwenden, als die Eheauffassung des Gesetzes den wesentlichen Grundsätzen des christlichen Eheverständnisses entspricht, d. h.: die Ehe wird als Einehe verstanden; sie gilt für das ganze Leben. Bei einer vorangegangenen Scheidung, die nur aufgrund eines gerichtlichen Urteils erfolgen kann, prüfen die Kirchen im Einzelfall die Möglichkeit, ob bei einer neuen Ehe eine kirchliche Trauung verantwortet werden kann.

Die kirchliche Trauung setzt die Eheschließung voraus. Wie bei jedem Gottesdienst steht der Zuspruch des göttlichen Wortes in der Mitte. Als Schriftlesung und Predigt hat er in diesem Falle zum Inhalt, daß Gott es sei, der diese Eheleute zusammengeführt hat und daß in dem Verhältnis Jesu Christi zu seiner Gemeinde das tiefste Geheimnis der Ehe offenbar wird. Auf Befragen bekennen sich die Eheleute dazu, daß sie ihre Ehe als von Gott gefügt anerkennen. Der Segenszuspruch verheißt ihnen Gottes Beistand bei ihrem Vorsatz, ihre Ehe nach Gottes Ordnung als Christen zu führen.

E) KRANKENSALBUNG

1. Die Katholische Kirche spendet das Sakrament der Krankensalbung. Jesus Christus hat sich in besonderer Weise der Kranken angenommen. Die Jünger salbten Kranke mit Öl und heilten sie (Mk 6, 13). Nach Jak 5, 14 ff. sollen die Ältesten zu den Kranken gerufen werden, um über ihnen zu beten und sie mit Öl im Namen des Herrn zu salben. Auf diesem Schriftgrund ist das Sakrament der Krankensalbung entfaltet worden. Durch Salbung und Gebet schenkt Gott dem Kranken Hilfe in seiner Krankheit und Vergebung der Sünden. Spender des Sakramentes der Krankensalbung ist der Priester.
2. Die Evangelische Kirche kennt keine der Krankensalbung entsprechende Handlung.

VI. Zusammenfassung

Während die Katholische Kirche sieben Sakramente kennt, kennt die Evangelische Kirche nur die Sakramente der Taufe und der Eucharistie. Die Amtshandlungen der Evangelischen Kirche Konfirmation, Beichte, Ordination, Trauung entsprechen in gewisser Hinsicht den Sakramenten der Firmung, Buße, Weihe und Ehe in der Katholischen Kirche. Eine gewisse Parallele besteht darin, daß sie bei ähnlicher

Veranlassung vollzogen werden. Mögen auch im Ablauf einzelne Elemente sich entsprechen, so besteht doch keine volle inhaltliche Entsprechung. Das kommt nicht zuletzt darin zum Ausdruck, daß die Evangelische Kirche diesen Amtshandlungen keinen Sakramentscharakter zuerkennt.
Die Fragen, die hieraus gestellt werden müssen, berühren sich mit den Grundfragen nach Wesen, Stiftung und Funktion von Sakrament und Amt. Sie brauchen an dieser Stelle nicht wiederholt zu werden.

Das Amt

Die Kirchen gehen davon aus, daß der Gläubige durch die Heilige Taufe in das allgemeine Priestertum hineingenommen ist; davon ist das besondere Amt zu unterscheiden, das von Christus gestiftet ist und von der Kirche einzelnen Gliedern übertragen wird. Aufgabe des Amtes ist es, die Botschaft von Jesus Christus unverfälscht zu bewahren und sie den Menschen aller Zeiten zu verkünden. An Christi Statt steht das Amt im Dienst des Wortes von der Versöhnung (2 Kor 5). Durch die Verkündigung des Wortes und die Spendung der Sakramente führt das Amt die Menschen zur Begegnung mit Gott und miteinander. Es ist ausgerichtet auf die Menschen zur Begegnung mit Gott und miteinander. Es ist ausgerichtet auf die Auferbauung der Gemeinde und auf das Heil der ganzen Welt. Darin hat es teil an der Sendung Jesu Christi; es hat den Auftrag, seine Herrschaft durch das Evangelium auszubreiten. Ihm ist verheißen, daß durch seinen Dienst alle Christen bereitet werden, sich Gott in Lobpreis und Anbetung zuzuwenden und seine versöhnende Liebe an alle Menschen weiterzugeben.

I. Apostolischer Ursprung und Entfaltung

1. Gemeinsame Voraussetzungen

Die Kirchen verstehen das Amt apostolisch wegen des Zusammenhangs mit dem Auftrag, den der Herr den Aposteln übertragen hat. Wie Christus vom Vater gesandt ist, so sendet er, indem er die Kirche gründet, seine Apostel aus. Ihr Zeugnis hat die Kirche weiterzugeben. Die Apostel sind die Vorbilder für die Amts- und Lebensführung der kirchlichen Amtsträger. Für alle Amtsträger der Kirche ist der Zusammenhang mit den Aposteln und über sie mit Christus die wesentliche Grundlage ihres Amtes.

2. Unterschiedliche Ausprägungen

Katholische Ausprägung

Das Evangelium, dessen Verkündigung Christus den Aposteln aufgetragen hat, gilt allen Völkern und allen Zeiten. Deshalb gaben die Apostel die ihnen von Christus übertragene Sendung weiter zum bleibenden Heilsdienst in der Kirche. Sie bestellten Mitarbeiter, denen sie Anteil an ihrer Sendung gaben, das Evangelium zu verkünden. Seit der apostolischen Zeit erfolgt die Übertragung des Amtes unter Handauflegung und Gebet. So steht das kirchliche Amt mit dem Amt der Apostel nicht nur in der Kontinuität des Auftrages, sondern auch in der Kontinuität der Bevollmächtigung und der Übertragung. Die Amtsträger wissen sich an die apostolische Überlieferung gebunden und stützen sich auf die von den Aposteln überkommene Bevollmächtigung und Sendung, die durch Handauflegung vermittelt wird. Der Sinn der apostolischen Sukzession liegt in der unverkürzten Weitergabe des Evangeliums von Jesus Christus.
Als Stiftung Jesu Christi ist die Kirche auf geschichtliche Entfaltung hin angelegt, wobei der personale Zusammenhang mit dem maßgebenden Beginn der Kirche gewahrt bleibt. Die Vielfalt der Dienste und Aufgaben der apostolischen Zeit erfährt Gestaltwandel und Entfaltung. Bereits im Neuen Testament und sodann in der Zeit der apostolischen Väter zeigen sich die Grundelemente einer für die spätere Kirche gültig gewordenen Ordnung des kirchlichen Amtes, das sich in Bischofsamt, Priesteramt und Diakonat aufgliedert.

Reformatorische Ausprägung

Die reformatorischen Kirchen lehren, daß die Apostel als Zeugen der Auferstehung Jesu Christi die ersten und dann maßgebenden Verkünder des Evangeliums von Jesus Christus sind. Insofern ist ihr Dienst einmalig und unwiederholbar. Auftrag und Dienst der Kirche müssen an ihrem Zeugnis ausgerichtet sein. Die Gemeinde ist ihrem Ursprung nach auf die Weitergabe der apostolischen Botschaft von Jesus Christus gewiesen. Dem dient das von Jesus Christus gestiftete Amt der Wortverkündigung und Sakramentsverwaltung.
Das Amt der Wortverkündigung muß dem Auftraggeber und dem Empfänger gemäß ausgeführt werden. Dieses sind die entscheidenden Kriterien. Auftraggeber und Auftrag bleiben dieselben. Damit der

Auftrag aber in der jeweiligen Situation verwirklicht werden kann, muß angesichts der ständigen Veränderung in der Geschichte gefragt werden, wie die Verkündigung des Evangeliums jeweils angemessen vermittelt werden kann. Daraus ergibt sich die Vorläufigkeit, Veränderbarkeit und Überprüfungsbedürftigkeit der Ämterordnung. Weder aus dem Neuen Testament noch aus der Kirchengeschichte kann eine allzeit verbindliche Ämterordnung abgeleitet werden. In Freiheit und Verantwortung ordnet die Kirche ihren Dienst, wobei sie in der Welt vorgefundene Organisationsformen kritisch übernehmen kann. Sie steht dabei in der Gefahr, ihren Dienstauftrag zu verfehlen und zu Zwecken individueller oder kollektiver Machtausübung zu mißbrauchen. Deshalb ist stets von neuem Rückbesinnung auf den Ursprung und Bereitschaft zu entgegenwirkenden Maßnahmen geboten.

3. Fruchtbare Kontroversen

a) Die Evangelische Kirche fragt die Katholische Kirche, ob die Besonderheit und Einmaligkeit der Apostel als Zeugen der Auferstehung Christi gewahrt bleibt, wenn sie lehrt, daß die Sendung und Vollmacht der Apostel durch Handauflegung übertragen wird.
Wenn das Evangelium, dessen Verkündigung Christus den Aposteln aufgetragen hat, allen Völkern und allen Zeiten gilt, fragt die Katholische Kirche die Evangelische Kirche, ob die Apostel nicht nach dem Willen des Herrn ihre Sendung und Aufgabe an Menschen weitergeben mußten, die ihnen in ihrem für die Kirche bleibenden Dienst nachfolgen.

b) Sofern der Auftrag der Kirche die unverkürzte Weitergabe des Evangeliums ist, fragt die Evangelische Kirche die Katholische Kirche, inwiefern die durch Handauflegung vollzogene Weitergabe der Bevollmächtigung diese unverkürzte Weitergabe des Evangeliums gewährleistet.
Die Katholische Kirche fragt die Evangelische Kirche, ob bei ihrer Auffassung die Beziehung zwischen dem von Christus gestifteten Amt und dem Predigtamt noch wirksam, gegenwärtig und erkennbar ist.

c) Die Evangelische Kirche fragt die Katholische Kirche, ob sie dem Auftrag des Herrn, das Evangelium in jeweils neue Situationen hinein zu verkündigen, gerecht wird, wenn sie eine in der Geschichte der Kirche gewordene Ämterordnung zur Norm macht.

Die Katholische Kirche fragt die Evangelische Kirche, ob sie nicht mit der Aussage, daß jede gewordene Ordnung überprüfbar und veränderbar ist, den maßgebenden Charakter einer in der apostolischen Zeit gesetzten Grundordnung verkennt.

II. Amt und Gemeinde

1. Gemeinsame Voraussetzungen

Die Kirchen stimmen darin überein, daß Gott die ganze Gemeinde zu seinem Dienst berufen hat. Jeder Christ ist Zeuge Jesu Christi. Dazu hat Gott ihn mit Gaben ausgerüstet. Das von Christus gestiftete Amt und die Glieder der Gemeinde sind zum Dienst aneinander gewiesen. Durch Wort und Sakrament wird die Gemeinde gesammelt, zum Dienst zugerüstet und unter die Herrschaft Christi geführt. Die Gemeinde trägt und stärkt das Amt durch den gemeinsamen Glauben. Amt und Gemeinde wissen sich füreinander verantwortlich.

2. Unterschiedliche Ausprägungen

Katholische Ausprägung

Alle Gläubigen nehmen teil am dreifachen Amt Jesu Christi: am Dienst der Verkündigung, am Dienst der Versöhnung und am Dienst der Auferbauung der Gemeinde. Das gemeinsame Priestertum aller Gläubigen wird durch die Sakramente der Taufe und Firmung begründet. Das priesterliche Amt hat seinen Ort innerhalb des gemeinsamen Priestertums aller Gläubigen. Wenngleich es in seiner Stiftung nicht auf die Kirche, sondern auf Christus zurückgeht und seine Vollmacht nicht von der Gemeinde verliehen wird, steht es dennoch nicht im Gegensatz zum gemeinsamen Priestertum. Die Kirche ist nicht aus eigenem Vermögen Volk Gottes. Jesus Christus macht sie zu diesem Volk. Er steht ihr bleibend als Herr gegenüber. Das priesterliche Amt hat die Aufgabe, Christus als Haupt für die Gemeinde und vor der Gemeinde darzustellen. Er steht im Dienst Christi in der Gemeinde und soll Christus stellvertretend sichtbar machen. So unterscheiden sich das gemeinsame Priestertum aller Gläubigen und das Priestertum des Dienstes nicht bloß dem Grade, sondern dem Wesen nach.

Das Leben der Kirche wird nicht nur getragen vom Amt, sondern auch von vielen anderen Diensten, die keine geistlichen Amtsvollmachten erfordern. In der Vielfalt dieser Dienste wirken die von Gott auch heute seiner Kirche geschenkten Geistesgaben. Aufgabe des kirchlichen Amtes ist es, die Gemeinde und ihre einzelnen Glieder für die verschiedenen Dienste zuzurüsten und wirksam werden zu lassen.

Reformatorische Ausprägung

Durch die Taufe ist der Christ in das allgemeine Priestertum aller Gläubigen hineingenommen. Er hat im Glauben durch das Hören auf das Wort des Herrn, durch den Sakramentsempfang und im Gebet unmittelbaren Zugang zu Christus. Es bedarf keiner priesterlichen Vermittlung zum Empfang der Gnadengaben, die der Herr seiner Kirche schenkt. Er steht im Zeugendienst für Christus in Wort und Tat. Diesen Dienst ist er jedem Menschen schuldig, vor allem seinen Nächsten, das heißt z. B. den Menschen, die seiner Familie angehören, in seiner Umgebung leben und mit denen er am Arbeitsplatz zusammenkommt.

Von diesem allgemeinen Priestertum ist das Amt der öffentlichen Wortverkündigung und Sakramentsverwaltung zu unterscheiden, das der Kirche von ihrem Herrn eingestiftet ist. Auf dem Grund des allgemeinen Priestertums beruft die Kirche gemäß der Stiftung ihres Herrn einzelne Glieder zur öffentlichen Verkündigung des Wortes und bevollmächtigt sie in Jesu Namen dazu. Der unter dem Wort gesammelten und zum Dienst berufenen Gemeinde gibt der Herr verschiedene Geistesgaben, die im Verhältnis zueinander und im gemeinsamen Zeugnis und Handeln fruchtbar werden. Diese Gaben aufzuspüren, zu fördern und wirksam werden zu lassen, gehört zu den wesentlichen Aufgaben der Amtsträger der Gemeinde. An den der Gemeinde gegebenen Gaben haben alle Amtsträger teil, die ihrerseits befruchtend auf jene einwirken. In der auftragstreuen Zusammenarbeit aller Christen geschieht der Dienst der Versöhnung der Welt mit Gott.

3. Fruchtbare Kontroversen

a) Die Evangelische Kirche fragt die Katholische Kirche, wie es neben dem Priestertum der Gläubigen ein gesondertes, sakramental unterschiedenes Priestertum geben kann, wenn doch dem Gläubigen das ganze Heil Gottes anvertraut ist.
Die Katholische Kirche fragt die Evangelische Kirche, ob nicht das Wort, damit es gehört werden kann, und das Sakrament, damit es empfangen werden kann, von einem bevollmächtigten Glied der Kirche verkündigt bzw. gespendet werden muß und ob nicht darum ein besonderer mittlerischer Dienst anerkannt werden muß.

b) Die Evangelische Kirche fragt die Katholische Kirche, wie das Amt Christus darstellen kann, wo doch Christus durch Wort und Geist regiert und darum nur durch Wort und Geist gegenwärtig wird.
Die Katholische Kirche fragt die Evangelische Kirche, ob nicht auch nach ihrer Auffassung das Amt die Aufgabe hat, die Sendung Jesu Christi weiterzutragen und zu vergegenwärtigen.

c) Die Evangelische Kirche fragt die Katholische Kirche, wie es in der Kirche Dienste geben kann, die keine geistlichen Amtsvollmachten erfordern, wo doch alle Dienste der Gemeinde an den geistlichen Gaben teilhaben.
Die Katholische Kirche fragt die Evangelische Kirche, ob das der Kirche eingestiftete Amt nicht aufgelöst wird, wenn aufgrund des allgemeinen Priestertums jeder Christ bevollmächtigt ist, alle Aufgaben des besonderen Amtes im Auftrag der Gemeinde wahrzunehmen.

III. Amt und Person

1. Gemeinsame Voraussetzungen

Christus nimmt Menschen für seinen Dienst in Anspruch. Darum ist es Aufgabe der Amtsträger, ihnen verliehene Gaben und Kräfte für Christus einzusetzen. Dies bedeutet aber nicht, daß Christus in seinem Wirken an die Würdigkeit der Amtsträger gebunden ist. Er wirkt auch trotz des Versagens und der Schwächen seiner Diener. Jedoch verpflichtet der Auftrag den Amtsträger, das Heil in Christus zu leben, für das er vor den Menschen Zeugnis ablegt. Das verliehene Amt und das persönliche Heil des Amtsträgers stehen nicht beziehungslos nebeneinander.

2. Unterschiedliche Ausprägungen

Katholische Ausprägung

Die Übertragung des Amtes verleiht dem Christen keine persönliche Vorzugsstellung hinsichtlich seines Heils. Sie nimmt ihn endgültig für Christus in Dienst. Diese Indienstnahme prägt seine ganze menschliche Existenz und fordert eine auf Unwiderruflichkeit hin orientierte Entscheidung zum übernommenen Amt (Charakter indelebilis). Das Sakrament der Weihe gibt dem Inhaber des Amtes die Kraft, in seinem Dienst auch persönlich in der Gnade Gottes zu wachsen. Sein amtliches Wirken ist jedoch im letzten unabhängig von seiner persönlichen Heiligkeit. Das Wort, das er in der Vollmacht des Amtes verkündigt, und das Sakrament, das er in der Vollmacht des Amtes spendet, wirken aus der Kraft Christi und nicht aufgrund der persönlichen Befähigung und Heiligkeit des Amtsträgers. So bindet das Amt den Christen nicht an die Person des Amtsträgers, sondern stellt ihn in die Unmittelbarkeit zum gnädigen Gott.

Reformatorische Ausprägung

Die Übertragung des Auftrags Jesu Christi zur öffentlichen Wortverkündigung und Sakramentsverwaltung ist an einzelne Menschen gerichtet in der Gemeinde. Diese Übertragung versetzt nicht in einen besonderen Stand. Mit allen Gläubigen ist dem Amtsträger der Auftrag gemeinsam, Zeugnis für Christus abzulegen. Nur tut er es in besonderer Weise, nämlich öffentlich, und aufgrund besonderer Stiftung dieses Amtes für alle. Der Auftrag gilt für das ganze Leben. Die Gewißheit, daß sein Tun im Auftrag und aufgrund der Einsetzung Jesu Christi geschieht, bedeutet Stärkung und Hilfe, das Zeugnis treulich auszurichten und sich selber unanstößig zu halten. Dabei tröstet er sich der Verheißung, die der Herr seinen Dienern gegeben hat und die ihm bei der Übertragung des Dienstes zugesprochen ist.

3. Fruchtbare Kontroversen

a) Die Evangelische Kirche fragt die Katholische Kirche, ob die gemeinsame Aussage, daß auch der Amtsträger an Versagen, Irrtum und Schwachheit der Menschen Anteil hat, festgehalten wird, wenn seine Berufung in das priesterliche Amt in jedem Fall als unwiderruflich bezeichnet wird.
Die Katholische Kirche fragt die Evangelische Kirche, ob die Praxis verschiedener Kirchen, nicht ein zweites Mal zu ordinieren, nicht die unwiderrufliche Indienstnahme in der einmaligen Ordination voraussetzt.

b) Die Evangelische Kirche fragt die Katholische Kirche, ob nicht durch die sakramentale Übertragung des Amtes an bestimmte Personen trotz der beabsichtigten Unterscheidung von Amt und Person der Christ an die Person des Amtsträgers und nicht nur an das Amt gebunden wird.
Wenn die Kirche den Amtsträger beauftragt, öffentlich und für alle Christus zu bezeugen, und ihm dazu die Verheißung Christi zusagt, fragt die Katholische Kirche die Evangelische Kirche, ob ihm damit nicht doch eine besondere, ihn von den anderen Christen unterscheidende Vollmacht gegeben wird.

IV. Gegliedertes Amt

1. Gemeinsame Voraussetzungen

Das von Christus gestiftete Amt gliedert sich in verschiedene Ämter, die auf Zusammenarbeit hin angelegt sind. Dennoch ist es in seiner Vielfalt wesenhaft eins, ganzheitlich und umfassend. Die Kirche kann den ihr aufgetragenen Dienst nur erfüllen, wenn alle Amtsträger an ihrem Ort den ihnen zugemessenen Dienst verrichten. Auftrag und Verheißung Christi bleiben für jedes Amt unverkürzt und ungeteilt. Die Teilnahme am Auftrag Christi schließt alle Amtsträger zusammen. Eine Gliederung des Amtes hebt daher seine Einheit nicht auf, sondern konkretisiert sie.

2. Unterschiedliche Ausprägungen

Katholische Ausprägung

a) Das Bischofskollegium mit dem Papst

Jesus Christus hat den Aposteln, in deren Kollegium Petrus eine besondere Stellung einnimmt, seine Sendung anvertraut, damit sie und ihre Nachfolger sie weiterführen bis zum Ende der Zeit. Wie das Amt der Apostel, die Kirche zu leiten, fortdauert, so dauert auch das Petrusamt fort. In der Nachfolge des Kollegiums der Apostel trägt das Kollegium der Bischöfe mit dem Nachfolger des Apostels Petrus die Sendung Jesu Christi weiter, damit das Evangelium treu überliefert und allen Völkern verkündet werde.
Wie Petrus und die übrigen Apostel ein einziges apostolisches Kollegium bilden, so sind auch der Bischof von Rom als Nachfolger Petri und die übrigen Bischöfe als Nachfolger der Apostel untereinander verbunden. Diese kollegiale Natur des bischöflichen Amtes wird sichtbar in den Konzilien und Bischofssynoden. Das Kollegium der Bischöfe ist gemeinsam mit seinem Haupt, dem Bischof von Rom, Träger der höchsten und vollen Gewalt über die ganze Kirche. Diese Gewalt kann nur unter Zustimmung des Bischofs von Rom ausgeübt werden, der kraft seines Amtes die volle, höchste und universale Gewalt über die Kirche hat und sie frei ausüben kann. Das Amt des Bindens und Lösens, das Petrus verliehen wurde, ist auch dem mit seinem Haupt verbundenen Apostelkollegium zuteil geworden. In besonderer Weise übt das Kollegium der Bischöfe das oberste Leitungsamt in der Kirche aus im Ökumenischen Konzil. Der Papst hat das Vorrecht, die Ökumenischen Konzilien zu berufen, auf ihnen den Vorsitz zu führen und sie zu bestätigen. Damit ein Konzil als Ökumenisches Konzil gilt, muß es vom Papst als solches zumindest angenommen werden.
Im Bischofskollegium mit seinem Haupt, dem Papst, werden Einheit und Vielheit in der Kirche sichtbar. Die einzelnen Bischöfe sind sichtbares Prinzip und Fundament der Einheit ihrer Teilkirchen. Im Bischofskollegium vereint, stellen sie die Vielfalt und Universalität des Gottesvolkes dar, das geeint ist unter dem einen Haupt, dem Papst, dem sichtbaren Prinzip und Fundament für die Einheit der Vielfalt von Bischöfen und Gläubigen.

b) Das Amt des Papstes

In der Heiligen Schrift wird innerhalb des Kollegiums der Apostel die herausragende Stellung des Petrus sichtbar (Lk 22, 32). Das Petrusamt setzt sich im Amt des Papstes fort. Das Amt des Papstes ist das sichtbare Prinzip und Fundament für die Einheit der Kirche in ihrer Vielfalt.
Der päpstliche Primat ist nicht ein bloßer Ehrenvorrang. Dem Papst als Haupt des Bischofskollegiums kommt die volle, höchste und universale Leitungsvollmacht über die Kirche zu. Als oberstem Lehrer der Gesamtkirche ist ihm als einzelnem das Charisma der Unfehlbarkeit der Kirche selbst verheißen.
Von der Glaubensaussage über den Primat des Papstes ist die Form der Ausübung des päpstlichen Amtes zu unterscheiden. Die Gestalt des Primates hat sich im Laufe der Jahrhunderte erheblich geändert.

c) Das Amt des Bischofs

Die Aufnahme in das Kollegium der Bischöfe erfolgt durch die Bischofsweihe. Sie überträgt die Fülle des Weihesakramentes. „Die Bischofsweihe überträgt mit dem Amt der Heiligung auch die Ämter der Lehre und der Leitung, die jedoch ihrer Natur nach nur in der hierarchischen Gemeinschaft mit Haupt und Gliedern des Kollegiums ausgeübt werden können" (Dogmatische Konstitution des II. Vatikanischen Konzils über die Kirche, Nr. 21).
Das bischöfliche Amt dient der Weitergabe und Verkündigung des Evangeliums. Die Bischöfe sind Zeugen des Evangeliums und mit der Autorität Christi ausgestattete Lehrer des Glaubens. Der Dienst der Verkündigung nimmt den ersten Platz unter den Aufgaben des Bischofs ein. Als Verwalter der Sakramente haben sie teil am priesterlichen Dienst Christi. Die Bischöfe leiten ihre Teilkirchen unter der Autorität des Bischofs von Rom nicht als Stellvertreter des Papstes, sondern in eigener ihnen von Christus dem Herrn zukommenden Vollmacht.

d) Das Amt des Priesters

Bereits in apostolischer Zeit finden sich Anfänge einer Aufgliederung der apostolischen Aufgaben und Vollmachten, die in der nachapostolischen Zeit in stärkerer Ausprägung deutlich wird. Die von den Aposteln überkommenen Aufgaben und Vollmachten werden in ver-

schiedener Abstufung weitergegeben. Im Hinblick auf die pastoralen Bedürfnisse der Gemeinden bildet sich das Priesteramt. Da es an der Fülle des im Bischofsamt weitergegebenen apostolischen Sendungsauftrages teilhat, hat es apostolischen Charakter.
Die Übertragung des Priesteramtes erfolgt durch den Bischof im Sakrament der Weihe, das die besondere Teilhabe an der Sendung Christi vermittelt. Der Priester hat Anteil am dreifachen Amt Jesu Christi. Er ist bestellt zur Verkündigung des Evangeliums, zum Hirtendienst an den Gläubigen und zur Spendung der Sakramente, in besonderer Weise zur Feier der Eucharistie.
Mit dem Bischof bilden die Priester ein Presbyterium und tragen Verantwortung für die gesamte Teilkirche. Unter der Autorität des Bischofs leiten sie die ihnen anvertraute Gemeinde.

e) Das Amt des Diakons

Das Amt des Diakons hat teil an der im kirchlichen Amt weitergegebenen apostolischen Sendung. Es ist nicht bloß eine Durchgangsstufe zum Priestertum, sondern hat eine eigenständige Aufgabe in der Kirche. Es wird unter Handauflegung und Gebet im Sakrament der Weihe verliehen. Das Amt des Diakons vollzieht sich in der Diakonie des Wortes, der Liturgie und der Liebestätigkeit.
Aufgabe des Diakons ist es, ,,je nach Weisung der zuständigen Autorität, feierlich die Taufe zu spenden, die Eucharistie zu verwahren und auszuteilen, der Eheschließung im Namen der Kirche zu assistieren und sie zu segnen, die Wegzehrung den Sterbenden zu überbringen, vor den Gläubigen die Heilige Schrift zu lesen, das Volk zu lehren und zu ermahnen, dem Gottesdienst und dem Gebet der Gläubigen vorzustehen, Sakramentalien zu spenden und den Beerdigungsritus zu leiten". (Dogmatische Konstitution des II. Vatikanischen Konzils über die Kirche, Nr. 29.)

Reformatorische Ausprägung

a) Das Amt der öffentlichen Verkündigung

Jeder Christ ist durch die Taufe zum Zeugendienst berufen. Zur Wahrnehmung des Amtes der öffentlichen Verkündigung jedoch bedarf es einer besonderen Berufung durch die Kirche. Die äußere Berufung im Vorgang der Ordination geschieht in Befolgung des Auftrages und der Verheißung Jesu Christi und im Vertrauen auf die innere Berufung des Ordinanden, die sich freilich menschlicher Prüfung entzieht. Nach der Ordnung der Kirche wird die Ordination denen erteilt, die den Auftrag zur öffentlichen Wortverkündigung und Sakramentsverwaltung zu lebenslangem und hauptamtlichen Dienst empfangen. Mit dem Dienst am Wort und dem der Sakramentsverwaltung im Rahmen ihres Dienstauftrages Beauftragte (z. B. Gemeindehelfer) oder mit dem Dienst an Wort und Sakrament nebenamtlich Beauftragte (sogenannte Laienprediger) erhalten die Vokation. Diese ist ihrem Wesen nach nicht von der Ordination unterschieden. Es ist wesentlich, daß alle Verkündigungsdienste bei allen Besonderheiten im einzelnen ihre Bevollmächtigung in einem besonderen Akt der Beauftragung zum Dienst am Wort erhalten. Das verbindet sie untereinander und miteinander.

b) Das Pfarramt und das bischöfliche Amt

Das Amt der Wortverkündigung und Sakramentsverwaltung wird in der Regel durch das Gemeindepfarramt wahrgenommen. Daneben fordern die kirchlichen Verhältnisse aber auch Pfarrämter für überörtliche Bereiche mit mannigfaltigen Aufgaben. Im Mittelpunkt dieser Dienste steht jeweils der in der Ordination übertragene Auftrag der Wortverkündigung und Sakramentsverwaltung.
Auch das bischöfliche Amt gilt für einen überörtlichen Bereich. Zwar kommt dem Inhaber dieses Amtes in erster Linie als einem ordinierten Diener am Wort die Verkündigung des Evangeliums und Verwaltung der Sakramente in seinem Sprengel zu. Von der Überlieferung her hat das bischöfliche Amt aber auch besondere Leitungsaufgaben: die Übertragung des Dienstes am Wort und Sakrament im Auftrag der Kirche (Ordinatio); Besuchsdienst (Visitatio); die Prüfung der zur Ordination anstehenden Kandidaten (Tentatio).
Die Amtsbezeichnung ist in den reformatorischen Kirchen unterschiedlich (Bischof; Landesbischof; Kirchenpräsident; Präses; Landessuperintendent; Generalsuperintendent; Propst; Superintendent; Dekan). Unter Umständen können Träger des Amtes auch mit einem Teilgebiet der obengenannten Aufgaben beauftragt sein. Insgesamt wird man im Bereich der reformatorischen Kirchen von einem gegliederten bischöflichen Amt sprechen können. In der Regel werden dem Träger des bischöflichen Amtes besondere Leitungsaufgaben anvertraut: Vorsitz der Kirchenleitung u. a.

c) Das diakonische Amt

Gemäß den Berichten des NT über die enge Zusammengehörigkeit von Jesu Wort und Jesu Tat hat die Kirche von ihrer Gründung an neben der Wortverkündigung den Dienst der Liebe als besonderen Auftrag empfangen. So wird es in der Apostelgeschichte bezeugt. Während anfangs der Zeugendienst durch das Wort und den Dienst der Liebe, da es ein und derselbe Dienst war, im Dienst der Apostel vereint war, zeigt uns schon das NT eine Aufteilung in unterschiedliche Ämter. Die reformatorischen Kirchen haben daraus gefolgert, daß es zu dem Auftrag der Gemeinde gehört, Menschen, die dafür geeignet sind, mit besonderem Dienst zu beauftragen. Unbeschadet dessen, daß ein jeder Christ aufgrund des allgemeinen Priestertums zum Zeugendienst und damit auch zum Liebesdienst am Nächsten berufen ist, beauftragt die Kirche bestimmte, dafür qualifizierte Menschen haupt- oder nebenamtlich mit besonderen Diensten.

d) Die Leitungsämter

Wenn Kirche und Gemeinde unter der Führung des Heiligen Geistes durch das Wort geleitet werden, dann gehört zur Gemeindeleitung und zur Leitung der Kirche, daß sie die Verkündigung des Wortes Gottes ermöglicht und ihr dient.
Dienst am Wort und Dienst der Leitung müssen unterschieden werden. Der Pfarrer z. B. ist als Diener am Wort und als Seelsorger im Rahmen der kirchlichen Ordnung selbständig; die Leitung der Kirchengemeinde wird durch Pfarrer und Presbyterium in gemeinsamer Verantwortung ausgeübt. Weil der Gemeinde und ihren Gliedern die volle Verantwortung für die Kirche übertragen werden soll, darum sind an der Leitung ordinierte Amtsträger und gewählte bzw. berufene Gemeindeglieder beteiligt.
Dadurch, daß Presbyter und Synodale in ihr Amt mit einem Gelübde eingeführt werden, wird deutlich, daß auch dieser Dienst als ein Auftrag verstanden wird, der vom Herrn der Kirche, der selbst die Kirche durch sein Wort und seinen heiligen Geist leitet, übertragen ist.

3. Fruchtbare Kontroversen

a) Wenn nach der Heiligen Schrift die Kirche eine Gemeinschaft von Brüdern ist, fragt die Evangelische Kirche die Katholische Kirche, ob die zum Wesen der Katholischen Kirche gehörende Ämterordnung mit ihrer hierarchischen Struktur in der Stiftung der Kirche durch Christus angelegt sein kann.

Wenn Christus die Kirche durch Wort und Sakrament leitet, fragt die Katholische Kirche die Evangelische Kirche, ob die Berufung in das Amt der öffentlichen Wortverkündigung nicht auch notwendigerweise Anteil gibt am Leitungsamt Christi.

b) Wenn Christus als Haupt und Herr seiner Kirche durch sein Wort und an seinem Tisch vereint, fragt die Evangelische Kirche die Katholische Kirche, inwiefern ein Amt diese Einheit in der Vielfalt darstellen soll, zumal doch gerade an dieser Vorstellung von Einheit immer wieder der Zwiespalt in der Kirche entstanden ist.

Wenn die reformatorischen Kirchen hinsichtlich der Ämter lehren, daß es keinen geistlichen Vorrang eines Amtes vor einem anderen und keine geistliche Überlegenheit eines Amtes über ein anderes gibt, fragt die Katholische Kirche die Evangelische Kirche, welche Bedeutung es dann hat, daß sie von besonderen Leitungsämtern spricht und dem bischöflichen Amt spezielle Aufgaben zuerkennt.

c) Wenn Christus der Herr der Kirche und damit auch der Herr des Sakramentes ist, fragt die Evangelische Kirche die Katholische Kirche, mit welcher Berechtigung die sakramentale Gegenwart Christi an das Wesen und Wirken eines bestimmten Amtes gebunden ist.

Wenn der Dienst an Wort und Sakrament nach Lehre der reformatorischen Kirchen in der Ordination begründet ist, fragt die Katholische Kirche die Evangelische Kirche, mit welcher Vollmacht Nicht-Ordinierte bzw. Nicht-Vocierte das Wort verkündigen und das Sakrament verwalten.

Gottesdienst – Christliches Leben – Frömmigkeit

I. Gottesdienst

1. Gemeinsame Voraussetzungen

Gottesdienst verstehen wir in doppelter Weise. Nach den Worten des Apostels Paulus ist das ganze Leben des Christen Gottesdienst als Antwort auf die Barmherzigkeit Gottes (Röm 12, 1). Die Barmherzigkeit Gottes erfährt die Gemeinde immer wieder neu, wenn sie sich im Namen des Herrn versammelt, um Gott zu danken und seiner großen Taten für das Heil aller Menschen zu gedenken, sich zu stärken im Bekenntnis des gemeinsamen Glaubens und zum Dienst an der Welt und so ihr Leben auf das verheißene Reich Gottes auszurichten. Im Mittelpunkt dieser Versammlungen, die die Christenheit Gottesdienst nennt, stehen die Verkündigung des Evangeliums und die Feier der Sakramente. Der Gottesdienst ist die Mitte des Lebens und Dienstes der Kirche. In ihm tritt sie als Gemeinschaft der von Christus Berufenen und Erlösten in Erscheinung. Besonders am Sonntag als dem Gedenktag der Auferstehung des Herrn weiß sich die christliche Gemeinde verpflichtet, sich zum Gottesdienst zu versammeln.

2. Unterschiedliche Ausprägungen

Katholische Ausprägung

Die höchste Form des Gottesdienstes ist die Eucharistiefeier. Am Sonntag weiß sich die Gemeinde verpflichtet, sich zur Feier der Eucharistie, zum Gedächtnis des Todes und der Auferstehung Christi zu versammeln. Das Gebot der Kirche will diese innere Verpflichtung unterstreichen. Die Teilnahme an der sonntäglichen Eucharistiefeier ist nicht dem Belieben des einzelnen überlassen.
Die werktägliche Eucharistiefeier ist fast in allen Gemeinden eine gute Tradition. Sie ist Gottesdienst der ganzen Gemeinde. Häufig werden zu ihr bestimmte Zielgruppen eingeladen.
Das pastorale Bemühen geht dahin, die ganze Gemeinde und alle ihre

Glieder zu tätiger Mitfeier der Eucharistie zu führen, im Hören auf das Wort, in der antwortenden Hingabe und im Empfang des Sakramentes. Die Formen der tätigen Teilnahme sind vielfältig. Sie findet Ausdruck in der Übernahme bestimmter Aufgaben im Gottesdienst (Lektor, Kantor, Chor, Vorbeter, Kollektant, Kommunionhelfer).
Neben der Feier der Eucharistie als Hochform des Gottesdienstes und neben der Feier der übrigen Sakramente steht eine reiche Vielfalt gottesdienstlicher Formen. Die Gemeinde versammelt sich in Wortgottesdiensten, zum Hören des Evangeliums und zur Predigt, zur Meditation und zum Gebet. In Anlehnung an das kirchliche Stundengebet, vor allem in den Klöstern, werden Vespergottesdienste gefeiert. In der Kreuzwegandacht versammeln sich Gläubige, um des Leidens und Sterbens des Herrn zu gedenken. Die Rosenkranzandacht ist eine Betrachtung des Erlösungshandelns Christi, dessen beim wiederholten Gebet des Ave Maria gedacht wird. In der Maiandacht wird in besonderer Weise Maria als Mutter Gottes verehrt. In anderen Gottesdiensten versammeln sich Gläubige zur Anbetung des in der Eucharistie gegenwärtigen Herrn. In Prozessionen und Wallfahrten erfährt sich der Christ als Glied des wandernden Volkes Gottes.

Reformatorische Ausprägung

Das Wesen des evangelischen Gottesdienstes hat seine Merkmale darin, daß er einen doppelten Mittelpunkt hat: die Verkündigung des Evangeliums in der Predigt und die Feier des Heiligen Abendmahls. So ist es schon bei Luther. Er reformierte die Messe, indem er die Teile entfernte, die seinem reformatorischen Verständnis des Evangeliums widersprachen. Außerdem gewann bei ihm die Predigt eine weit höhere Bedeutung als im katholischen Gottesdienst seiner Zeit. Nach evangelischem Verständnis ist Christus gegenwärtig im Wort und Sakrament.
In der Geschichte des evangelischen Gottesdienstes seit der Reformationszeit ist die Feier des Heiligen Abendmahles gegenüber der Predigt zurückgetreten bis dahin, daß sie an den Gottesdienst als selbständige Feier angehängt wurde, während sie in der "Deutschen Messe" Bestandteil der Gottesdienstordnung ist. Heute ist das Bemühen feststellbar, die Feier des Heiligen Abendmahles wieder in den Gottesdienst hineinzunehmen.
Schwierigkeiten bereitet hier die Zuordnung von Beichte und Abendmahl, die der Tradition der evangelischen Kirche entspricht.

Findet das Abendmahl im Gottesdienst statt, führt das zumeist zu einer Minderung der Bedeutung der Beichte (Vorbereitung auf das Abendmahl). Freilich ist die Verbindung von Beichte und Abendmahl keine theologische Notwendigkeit.
Gegenwärtig ist das Bemühen vorhanden, Gemeindeglieder aktiv am Gottesdienst zu beteiligen, Schriftlesungen und Gebete werden von ihnen übernommen. Es werden auch Gottesdienste von Gemeindegruppen in Zusammenarbeit mit dem Pfarrer vorbereitet. In besonderen Fällen werden Gedanken zur Predigt gemeinsam erarbeitet. Von jeher haben Chöre (Vokal- oder Instrumentalchöre) neben der Orgel im Gottesdienst mitgewirkt.
Neben den Gottesdiensten in überlieferter Gestalt werden neue Formen des Gottesdienstes erprobt. Die Versuche sind legitim, wenn das Wesen des evangelischen Gottesdienstes festgehalten wird. Ziel der Reform des Gottesdienstes ist es, eine größere Beteiligung der Gemeindeglieder am Gottesdienst zu erreichen und ihnen die Einladung zum Hören des Wortes Gottes am Sonntag wieder verpflichtend nahezubringen. Eine Änderung der Form allein wird dazu nicht ausreichen. Sie wird nur zu gewinnen sein durch eine positivere Einschätzung des Gottesdienstes durch die Gemeindeglieder. Viele Gemeindeglieder haben bedauerlicherweise die Beziehung zum Gottesdienst verloren. Die Zahl der Gottesdienste ist in den letzten Jahrzehnten in fast allen Gemeinden erheblich erhöht worden. Neben die Gottesdienste an Sonn- und Festtagen für Erwachsene und Kinder sind Gottesdienste getreten, die regelmäßig oder gelegentlich an den Werktagen stattfinden, dazu besondere Zielgruppengottesdienste; vor allem der Wochenendgottesdienst und der Familiengottesdienst hat sich an vielen Orten bewährt.

3. Fruchtbare Kontroversen

a) Die Evangelische Kirche fragt die Katholische Kirche, wie der Vorrang der Eucharistiefeier zu begründen ist, da doch Wort und Sakrament in gleicher Weise Stiftung Christi sind, und ob dieser Vorrang nicht zu einer geringeren Bewertung der Predigt führen kann.
Die Katholische Kirche fragt die Evangelische Kirche, ob nicht die stärkere Herausstellung der Wortverkündigung gegenüber der Sakramentsfeier zu einer Verkümmerung des Abendmahles führen kann.

b) Die Evangelische Kirche fragt die Katholische Kirche, ob nicht die starke Herausstellung des Pflichtcharakters des Gottesdienstbesuches zur Gesetzlichkeit und damit zur Veräußerlichung der Frömmigkeit führt.

Die Katholische Kirche fragt die Evangelische Kirche, ob nicht das göttliche Gebot der Feiertagsheiligung die Kirche nötigt, auch in ihrer Ordnung die Pflicht des Gottesdienstbesuches stärker zu betonen und notfalls zu einem Gegenstand der Kirchenzucht zu machen.

II. Christliches Leben

Der Christ im Leben der Gemeinde

Die christliche Gemeinde, so sehr sie auch eine soziologische, kirchenrechtliche und verwaltungsmäßige Einheit ist, hat vor allem eine geistliche Dimension. Sie ist ihrem Wesen nach Gemeinschaft der Christen mit ihrem lebendigen Herrn. Darum hat sie ihren Mittelpunkt im Gottesdienst. An jedem Sonntag gedenkt die Gemeinde der Auferstehung des Herrn. Im Kreislauf des Kirchenjahres wird des Geheimnisses der Erlösung gedacht von der Menschwerdung und Geburt über das Leiden und die Auferstehung bis zur Himmelfahrt, zur Spendung des Heiligen Geistes am Pfingsttag und zur Erwartung des kommenden Herrn.

Wort und Sakrament betreffen nicht nur den einzelnen in seinem Verhältnis zu Christus. Sie stiften zugleich Gemeinschaft mit Christus und untereinander. Diese Gemeinschaft, die zugleich Glaubens- und Dienstgemeinschaft ist, erfährt der Christ besonders im Gottesdienst. Sie setzt sich über den Gottesdienst hinaus fort im Leben der Gemeinde. Das Miteinander im Glauben und im Dienst der Liebe bewährt sich besonders auch in kleineren Gemeinschaften, z. B. in Nachbarschaften oder Wohnblocks, im Kreise junger Familien, in Verbänden und Gruppen. Alle Glieder der Gemeinde sind aufgerufen, Verantwortung in der Gemeinde und für die Gemeinde zu übernehmen. In jeder Gemeinde gibt es eine Fülle von Diensten, die von der Gemeinde selbst getan werden müssen: Dienste in der Sorge für die alten, kranken und behinderten Menschen, Dienste in der Einführung der Kinder und Jugendlichen in das Leben des Glaubens und der Gemeinde, Dienste in den Verbänden und Gemeinschaften und im gesellschaftlichen Bereich. Alle diese Dienste dienen dem Aufbau der Gemeinde. Wenngleich bestimmte Aufgaben und Dienste durch hauptberufliche Mitarbeiter wahrgenommen werden, sind doch alle Gemeindeglieder aufgerufen, entsprechend den ihnen von Gott verliehenen Gaben der Gemeinde zu dienen.

Der Christ in Familie und Haus
Die Familie ist in der heutigen Zeit großen Belastungen ausgesetzt. Dies gilt auch für den religiösen und kirchlichen Bereich. Dennoch ist die Familie wie für die Gesellschaft so für die christliche Gemeinde von großer Bedeutung. Sie kann die erste Gemeinschaft des Glaubens und der Liebe sein, die der Mensch erfährt.
Christliche Eheleute sollen füreinander und für ihre Kinder Zeugen des Glaubens sein. Zur christlichen Gestaltung der Ehe und der Familie gehören das Glaubensgespräch unter den Ehepartnern und mit den Kindern, das gemeinsame Gebet als Tischgebet, am Morgen und am Abend und bei besonderen Anlässen.
Der christliche Glaube muß wachsen, reifen und sich immer wieder bewähren. Er äußert sich in einer ihm gemäßen Lebensweise. In einer Zeit, da die Umwelt immer weniger christlich geprägt ist, ist die christliche Familie häufig der einzige Raum, in dem christliche Lebensweise erfahren und weitergegeben wird. Hier lernt der Mensch, wie Christen den Sonntag begehen, wie sie Weihnachten und Ostern feiern und wie sie den großen Ereignissen des Lebens begegnen von der Geburt bis zum Tode. Der Pflege christlicher Atmosphäre und christlichen Brauchtums in der Familie kommt deshalb große Bedeutung zu. Sie findet Ausdruck z. B. in den Feiern der Familie und in Bildern und Symbolen in der Wohnung.
Der Familie, vor allem den Eltern kommt die Aufgabe zu, ihre Kinder in das christliche Leben einzuführen. Sie können diese Aufgabe nicht allein dem Kindergarten, der Schule oder der Gemeinde überlassen, so wertvoll deren Dienste auch sind. Die Eltern haben Recht und Pflicht, auch im öffentlichen Bereich für Möglichkeiten der christlichen Erziehung ihrer Kinder einzutreten.
Durch ihr vom Glauben geprägtes Leben wird die Familie zu einer fruchtbaren Zelle in der Gemeinde und in der Gesellschaft.

Der Christ in Beruf und Öffentlichkeit

Das christliche Bekenntnis hat nicht nur Bedeutung für den privaten Bereich, sondern für alle Bereiche des Lebens. Der Christ trägt Verantwortung für die Welt und für die Gesellschaft, in der er lebt. Diese Verantwortung äußert sich im positiven Einsatz für die Gestaltung einer Welt, die gegründet ist auf der Anerkennung der Würde und Freiheit des Menschen und den sittlichen Grundwerten, wie sie der Christ in Gottes Geboten findet. Sie zeigt sich in der Bereitschaft zur Übernahme von Verantwortung im Bereich des staatlichen, gesellschaftlichen und wirtschaftlichen Lebens, in der Bereitschaft zur Zusammenarbeit mit allen Menschen guten Willens. Aus christlicher Verantwortung heraus muß der Christ deutlich machen, wieweit er bei bestimmten Programmen und Plänen mitarbeiten kann und wo Mahnung, Warnung und notfalls entschiedener Protest geboten sind.
Die Anerkennung der Herrschaft Gottes macht den Menschen frei. Wo Gott als Herr des Menschen anerkannt wird, da kann ein Mensch nicht nach seinem Ermessen über Leben und Gewissen anderer Menschen verfügen, weil er nicht Herr des Menschen ist. So führt die Anerkennung der Herrschaft Gottes den Christen zur Absage an politische Denk- und Ordnungssysteme, die glauben, den Menschen nach Willkür wie eine Figur auf dem Schachbrett hin- und herschieben zu können, die ihn als bloße gesichtslose Nummer einer Masse Mensch behandeln oder die ihn um eines vermeintlichen Fortschrittes willen einem stärkeren technischen und wirtschaftlichen Zwang unterwerfen.
Es ist die Aufgabe der Christen, auch in ihrem beruflichen Leben zu zeigen, daß der christliche Glaube nicht jenseits alltäglichen menschlichen Lebens liegt und dieses selbst wenig betrifft.
Es darf keine Spaltung zwischen christlichem Lebensvollzug und weltlichem Beruf geben. Verantwortungsbewußtsein und Pflichtbewußtsein sind, wo sie recht geschehen, im Glauben verwurzelt. Bei vielen äußert sich die Bereitschaft zum Dienst in der Hingabe für den Nächsten in sozialen und diakonischen Berufen. Die Bereitschaft dazu innerhalb der heutigen Jugend muß positiv gewertet werden und kann Ausdruck christlich verwurzelter Verantwortungsbereitschaft sein.

Zusammenfassung

Eine besondere Darstellung reformatorischer und katholischer Ausprägungen und eine gegenseitige Befragung erübrigen sich hier, da die Kirchen in den dargelegten Auffassungen trotz unterschiedlicher Akzente im einzelnen im wesentlichen übereinstimmen.

III. Frömmigkeit

1. Gemeinsame Voraussetzungen

Gemeinsame Überzeugung der Kirchen ist, daß der Glaube das ganze Leben der Christen bestimmen soll. Die Feier des Gottesdienstes und das Leben im Alltag gehören zusammen. Die Frömmigkeit äußert sich in mannigfaltiger Form; sie wird durch Herkommen und Sitte bestimmt und muß an der Schrift und dem Glaubensbekenntnis immer neu überprüft werden.

2. Unterschiedliche Ausprägungen

Reformatorische Ausprägung

Der Gebrauch der Heiligen Schrift

Im reformatorischen Bereich ist die Bibel nicht nur ein Buch für den Gottesdienst, sondern auch für den häuslichen Gebrauch. Aus der Schrift und nach der Schrift lebt der überzeugte evangelische Christ. Wir finden die Bibel heute noch in beinahe allen Häusern, wo sie von der Tradition her einen Ehrenplatz hat. In vielen Familien wird sie regelmäßig gelesen, häufig anhand von Bibellesetafeln, auch in Gestalt der weitverbreiteten Losungen der Herrnhuter Brüdergemeine.

Die Bibel in Luthers Übersetzung war ein Volksbuch des evangelischen Volksteils. Das ist sie trotz ihrer immer noch hohen Verbreitung heute in diesem Maße nicht mehr. Neuere Übersetzungen versuchen, die biblische Botschaft in der Sprache des Menschen von heute zu sagen. Als Kirchenbibel gilt immer noch Luthers Übersetzung. Vor allem die bekannten Stellen (sogenannte Kernstellen) sind vielen Gemeindegliedern im Wortlaut vertraut. Erläuterungen zum biblischen Text tragen wesentlich zur Verbreitung der biblischen Botschaft bei. Durch den kirchlichen Unterricht werden alle evangelischen Christen in die biblische Botschaft eingeführt. Dies wird fortgesetzt im Gottesdienst und durch Gemeinde-Bibelstunden, Bibelwochen usw.

Die Hausandacht

Die evangelische Christenheit hat von jeher gemeint, daß Gottesdienst eine gemeinsame Sache der Hausbewohner im Alltag ist. Seinen kleinen Katechismus hat Luther für die Hausväter geschrieben, die mit ihm Kinder und „Gesinde" lehren sollten. Regelmäßige Hausandacht ist in den Häusern frommer evangelischer Christen durch die Jahrhunderte hindurch bis heute gehalten worden.
Hilfen zu innerer Einkehr finden sich in vielen Häusern. Die Bibel, das Gesangbuch und der Katechismus gehören zu den Hausbüchern; Andachtsbücher, Gebetbücher und Kalender christlichen Gehalts sind weit verbreitet. Der Wert der sogenannten christlichen Kleinliteratur ist kaum zu überschätzen.
Das Gesangbuch ist von seiner Anlage her für den täglichen Gebrauch im Hause geeignet. Mit dem Gesangbuch kann im Hause gesungen und auch gebetet werden. Man kann es als Hausagende bezeichnen. Es enthält Gebete für viele Tage und Gelegenheiten, die Perikopen für die Sonn- und Festtage des Kirchenjahres, die Ordnung des Gottesdienstes, Anleitung zur Nottaufe sowie zur Hausandacht. Beinahe jeder evangelische Christ besitzt sein eigenes Gesangbuch, in vielen Fällen als Geschenk zur Konfirmation.

Gemeinschaften innerhalb der Kirche

Eine besondere Gestalt evangelischer Frömmigkeit begegnet in den landeskirchlichen Gemeinschaften. Sie sind hervorgegangen aus den Erweckungsbewegungen im vorigen Jahrhundert. In besonderer Weise betonen sie das Priestertum aller Gläubigen. Darum kommt bei ihnen auch das Laienamt in der Verkündigung zu Wort. Es geht den Gliedern der Gemeinschaften um Frömmigkeit und um Heiligung des Lebens. Obwohl sie zahlenmäßig eine Minderheit sind, üben sie auf das Leben der Gemeinde einen großen Einfluß aus.

Religiöses Brauchtum

Das religiöse Brauchtum war in der evangelischen Kirche nie stark ausgeprägt. Das hängt mit dem Protest der Reformation gegen die Fülle des Brauchtums der mittelalterlichen Kirche, die das Evangelium zu verdunkeln drohte, zusammen. Dennoch haben sich bestimmte Formen erhalten. In vielen Häusern finden sich Darstellungen aus der biblischen Geschichte oder Bibelworte als Wandsprüche. Dazu gehört insbesondere auch der Konfirmationsspruch. Das Gebetläuten am Morgen und am Abend ist in vielen Gemeinden Brauch. In vielen Familien ist das Tischgebet Sitte, in einigen auch das Gebet zu anderen Zeiten. In einer Zeit der Entkirchlichung hat sich wenigstens an bestimmten Festtagen der Brauch erhalten, den Gottesdienst zu besuchen und am Gründonnerstag oder Karfreitag am Abendmahl teilzunehmen. Hier und da mag es sich noch erhalten haben, daß vor dem Empfang des Heiligen Abendmahls gefastet wird und daß Mütter ihre neugeborenen Kinder vor der Taufe nicht ausfahren. In manchen Gemeinden ist es üblich, beim Empfang der Elemente von Brot und Wein beim Abendmahl zu knien.

Katholische Ausprägung

Biblische Frömmigkeit

Die zu Beginn dieses Jahrhunderts einsetzende biblische Bewegung hat die Heilige Schrift in ihrer Bedeutung für das christliche Leben der Gemeinde und des einzelnen wieder hervorgehoben. Neue Übersetzungen sowie kommentierte Ausgaben der Bibel machen über den Gottesdienst und den Religionsunterricht hinaus die Heilige Schrift bekannt. Das Zweite Vatikanische Konzil hebt die zentrale Bedeutung der Heiligen Schrift für das Leben der Kirche und des Christen stärker ins Bewußtsein. Der Zugang zur Schrift soll für die Gläubigen weit offen stehen. Das Konzil ermuntert die Gläubigen, häufig in der Bibel zu lesen. Die liturgische Reform hat für den Gottesdienst vor allem durch die fortlaufende Lesung der Heiligen Schrift eine reichere Auswahl an Perikopen bereitgestellt.

Liturgische Frömmigkeit

Das Frömmigkeitsleben der Gemeinde und der einzelnen Gläubigen ist stark geprägt durch die Liturgie. Die liturgische Bewegung sah ein besonderes Anliegen darin, durch die Verbreitung deutscher Übersetzungen der Texte der Heiligen Messe die lebendige Mitfeier der Liturgie zu fördern. Das gleiche Anliegen haben die Gebet- und Gesangbücher, die zugleich auch zum persönlichen Gebet anregen. Die Hochfeste des Kirchenjahres wie Weihnachten, Ostern und Pfingsten haben die Frömmigkeit bis in den häuslichen Bereich hinein geprägt. Einen besonderen Charakter der Besinnung und Vertiefung des christlichen Lebens in Umkehr und Buße trägt die Fastenzeit und die Zeit des Advent. Auch die Freitage haben noch einen besonderen Charakter. In nicht wenigen Fällen wird dann auch heute noch die Abstinenz von Fleischspeisen gehalten.

Marienverehrung

Der Glaube an die Menschwerdung des Sohnes Gottes wird im Glaubensbekenntnis mit den Worten bekannt: „Geboren von der Jungfrau Maria." Seit frühester Zeit wird das Gedächtnis Marias in besonderer Weise gepflegt. In der Feier der Eucharistie, beim Gedächtnis der Heiligen, ehrt die Kirche „vor allem Maria, die glorreiche, allzeit jungfräuliche Mutter unseres Herrn und Gottes, Jesus Christus".
Das Glaubensbewußtsein der Kirche bekennt von Maria, daß sie im Hinblick auf das Verdienst ihres Sohnes vom Augenblick der Empfängnis an vor jedem Makel der Erbsünde bewahrt worden ist („Unbefleckt Empfangene"). Gott hat sie nach ihrem Tod mit Leib und Seele in die himmlische Herrlichkeit aufgenommen. Mit der Auferweckung Jesu Christi von den Toten hat Gott allen Menschen dieses Ziel eröffnet. Sein Handeln an Maria ist für alle Menschen ein Zeichen der Erlösung und der Hoffnung.
In ihrer Hingabe an Gott, in ihrem Leben des Glaubens, der Hoffnung und der Liebe ist Maria ein Vorbild jedes gläubigen Menschen. Wenn ihr Sohn sie am Kreuz Johannes zur Mutter gibt, wird sie damit allen Gläubigen zur Mutter gegeben. Marias mütterliche Aufgabe gegenüber den Menschen aber verdunkelt die einzige Mittlerschaft Christi in keiner Weise, sondern zeigt ihre Wirkkraft. Maria wird in der Kirche als Fürsprecherin, Helferin, Beistand und Mittlerin angerufen. Das ist so zu verstehen, daß es der Würde und Wirksamkeit Christi, des einzi-

gen Mittlers, nichts abträgt und nichts hinzufügt (Dogmatische Konstitution des II. Vatikanischen Konzils über die Kirche, Nr. 60–62). Im Lobpreis dessen, was Gott an Maria wirkte, äußert sich der Dank für seine Erlösung.

Maria, die Mutter Gottes, wird verehrt wegen ihrer besonderen Beziehung zu Christus, ihrer hervorragenden Stellung in der Heilsgeschichte und ihrer vollendeten Erlösung. In vielen Gebeten und Liedern findet die Marienverehrung Ausdruck (Ave Maria, Engel des Herrn, Rosenkranz, Maiandacht, Litaneien). An zahlreichen Festen wird ihr Gedächtnis gefeiert (Mariä Empfängnis, Mariä Himmelfahrt, Mariä Verkündigung, Sieben Schmerzen Mariä, Rosenkranzfest, Fest Maria Königin). Ungezählte Kirchen sind ihrem Namen geweiht. An zahlreichen Wallfahrtsorten wird ihre Fürsprache angerufen. Die Marienverehrung ist ein nicht wegzudenkender Bestandteil katholischen Frömmigkeitslebens.

Heiligenverehrung

Die Kirche bekennt sich im Glaubensbekenntnis als „Gemeinschaft der Heiligen". Die Teilhabe an dem von Gott gewirkten Heil verbindet die Christen auch untereinander zur Gemeinschaft. Diese Gemeinschaft endet nicht mit dem Tode. Das Gedächtnis der Verstorbenen wird deshalb mit Ehrfurcht gepflegt. Die Kirche weiß um ihre bleibende Gemeinschaft in Christus mit all den Gliedern, in denen Gottes heilschaffendes Wirken seine Vollendung erfahren hat.

Seit frühester Zeit hat die Kirche bestimmte Christen als Heilige verehrt. Sie werden verehrt als Vorbild und Beispiel christlichen Lebens, denn sie haben Wege gewiesen, wie der Christ in der Gnade Gottes das ewige Heil erlangen kann. Zugleich wird ihre Fürbitte angerufen in dem gläubigen Bewußtsein, daß das fürbittende Gebet der Brüder und Schwestern, die ihr Ziel in Gott erreicht haben, von besonderer Bedeutung ist.

Der verehrende Aufblick zu den Heiligen macht den Christen die Verpflichtung des christlichen Lebens erneut bewußt. Sie sind ein Anruf Gottes für das Leben und zugleich Zeugnis für das gnädige Wirken Gottes im Menschen. Die Heiligen weisen über sich hinaus auf Gott. Seine Gnade hat sich in ihnen mächtig erwiesen. Rechte Verehrung der Heiligen zielt letztlich auf Jesus Christus, die Krone aller Heiligen, und durch ihn auf Gott, der wunderbar ist in seinen Heiligen. Echte Verehrung der Heiligen besteht nicht so sehr in der Vielfalt äußerer

Akte, als vielmehr in der Stärke der tätigen Liebe, durch die wir zum größeren Wohl für uns und die Kirche „im Wandel das Beispiel, in der Gemeinschaft die Teilnahme, in der Fürbitte die Hilfe" der Heiligen suchen (Dog. Konstitution des II. Vatikan. Konzils über die Kirche, Nr. 51).

Formen und Ausprägungen katholischer Frömmigkeit

Das Frömmigkeitsleben der katholischen Gemeinden kennt eine reiche Vielfalt christlichen Brauchtums. Wegkreuze und Bildstöcke regen an, des Herrn und seiner Heiligen zu gedenken. Die Feste des Herrn, Marien- und Heiligenfeste im Kirchenjahr prägen das Leben der Gemeinde: Lichtmeßprozession, Aschenkreuz, Palmprozession, Fronleichnamsprozession haben einen festen Platz in ihrem Leben. Feldprozession, Wallfahrten zum Heiligen Kreuz und zu Wallfahrtsorten der Gottesmutter und der Heiligen, Bittprozessionen und Bittage versammeln auch heute zahlreiche Gläubige. Engel des Herrn, Rosenkranz, Kreuzweg, Litaneien sind neben dem Gebet des Herrn und dem Ave Maria gebräuchliche Gebete auch im privaten Bereich. In vielen Segnungen und Weihungen wird Gottes Segen auf die verschiedensten Gegenstände des täglichen Lebens herabgerufen, z. B. Haussegnung, Autosegnung, Segnung von Brücken usw. Viele Verbände und Gemeinschaften verehren bestimmte Heilige als ihren Patron, den sie zum Vorbild nehmen und dessen Fürbitte sie anrufen. Der Gebrauch des Weihwassers in Kirche und Haus erinnert den Gläubigen an seine Taufe. Sosehr einerseits Sorge zu tragen ist, daß das Brauchtum nicht durch Übertreibungen und Mängel den Kern des christlichen Lebens überwuchert, ist es andererseits ein Anliegen, echte Formen des Brauchtums als Äußerungen christlichen Lebens zu pflegen und zu fördern.

3. Fruchtbare Kontroversen

Die unterschiedlichen Ausprägungen der Frömmigkeit werden von den Gemeindegliedern sehr stark empfunden. Sie sind im wesentlichen der Grund dafür, daß ihnen die andere Kirche als fremd erscheint. Man wird urteilen müssen, daß im Bewußtsein der nicht theologisch gebildeten Gemeindeglieder weniger die Lehrunterschiede, so bedeutsam sie sein mögen, für das Bild der anderen Kirche bestimmend sind, als vielmehr die unterschiedlichen Frömmigkeitsmerkmale. Darum sollten auch bei einem theologischen Vergleich der Lehraussagen die unterschiedlichen Frömmigkeitsmerkmale nicht leichtgenommen werden, zumal da sie eng mit den Glaubenslehren der Kirchen zusammenhängen.

Die Katholische Kirche fragt die Evangelische Kirche, ob die ausschließliche Bezogenheit ihrer Frömmigkeit auf Christus und die Schrift nicht zu einer Verengung des christlichen Glaubens und Lebens führt, eine Trennung des Glaubens vom Leben bewirkt und schließlich die Welt und den Menschen sich selbst überläßt.

Die Evangelische Kirche fragt die Katholische Kirche, ob nicht bei der katholischen Frömmigkeit trotz aller Vorbehalte und Absicherungen eine Schmälerung der einzigen Mittlerschaft Jesu Christi und seines Erlösungswerkes für die Welt eintritt und ob nicht die Frömmigkeit, so sehr sie auf Christus bezogen sein soll, in der Gefahr steht, sich auf Personen und Dinge zu beziehen, die zwar auf Christus hinweisen sollen, aber die Menschen bei sich festhalten können.

Überlegungen zur Kirchengemeinschaft

1. Kirche als Communio

Die Kirche ist Gemeinschaft der Gläubigen mit Christus und untereinander. Darum bedeutet Kirche als Communio keine nur unsichtbare Größe, sondern konkrete Gemeinde derer, die ihre Einheit im Glauben und im Leben im lobpreisenden Bekenntnis des Herrn im Gottesdienst zum Ausdruck bringt. Sichtbaren Ausdruck findet diese Gemeinschaft mit Christus und untereinander in der Feier der Eucharistie. Die einzelne Gemeinde ist keine in sich geschlossene Größe. Sie ist offen gegenüber den anderen Gemeinden, mit denen sie in Gemeinschaft steht.
Diese Communio ist mehr als bloße Gesinnungsgemeinschaft, als freundschaftlich brüderliche Zuneigung oder als Aktionsgemeinschaft. Sie setzt das gemeinsame Band der Taufe voraus. Sie schließt die gemeinsame Verkündigung des Evangeliums und das gemeinsame Bekenntnis des Glaubens ein. Für die Evangelische Kirche besteht Kirchengemeinschaft in der Gemeinschaft an Wort und Sakrament. Für die Katholische Kirche ist Inhalt der kirchlichen Gemeinschaft die Gemeinschaft im Glauben, in den Sakramenten, im apostolischen Amt und im kirchlichen Leben, die ihren Ausdruck findet in der Gemeinschaft, in der kirchlichen Ordnung und in der brüderlichen Eintracht des Lebens.

2. Verschiedene Grade der Communio

Die kirchliche Gemeinschaft kennt Stufungen. Sie kann verschiedene Dichte und Intensität haben. Die durch die Taufe grundgelegte Gemeinschaft ist auf die volle und vollkommene Gemeinschaft hingeordnet, zu der auch die eucharistische Gemeinschaft gehört. Der Grad der Kirchengemeinschaft richtet sich nach dem Ausmaß der Übereinstimmung in den Lehrinhalten, welche nach dem jeweiligen Verständnis der Kirchen die Kirche konstituieren.

3. Das derzeitige Verhältnis der Evangelischen Kirche zur Katholischen Kirche

Das sakramentale Band der Taufe verbindet die Evangelische und die Katholische Kirche. Gemeinsam ist beiden Kirchen das Bekenntnis zu Jesus Christus als Gott und Heiland und einzigem Mittler zwischen Gott und den Menschen zur Ehre des einen Gottes, des Vaters, des Sohnes und des Heiligen Geistes. Gemeinsam ist die Bejahung der Autorität der Heiligen Schrift. Beiden Kirchen geht es um die lebendige Gemeinschaft mit Christus, wenn sie in der Abendmahls- bzw. Eucharistiefeier des Todes und der Auferstehung des Herrn gedenken.

Die vorstehenden Untersuchungen zum Verständnis von Schrift und Tradition, Glaube und Werk, zum Verständnis der Kirche, des Sakramentes und des Amtes sowie zum Vollzug der Frömmigkeit und des christlichen Lebens haben ergeben, daß von gemeinsam bejahten Ausgangspunkten her die Lehrausprägungen je verschieden sind. Dies führt zu tiefgreifenden Unterschieden und schmerzlicher Trennung. Aber selbst diese Verschiedenheiten geben Anlaß zu fruchtbaren Kontroversen und enthalten jeweils berechtigte, gegenseitig förderliche Fragen aneinander. Dementsprechend ist neu zu prüfen, welches Gewicht den vorhandenen Lehrunterschieden für die Kirchengemeinschaft zukommt und wie die eigentümliche Gesprächssituation, in welcher sich unsere Kirchen zur Zeit befinden, im Blick auf den Fortgang zu vertiefter Begegnung, zunehmender Annäherung und wachsender Kirchengemeinschaft zu werten ist.

4. Der derzeitige Stand des Lehrgesprächs

a) Unser Gespräch hat ergeben, daß in früher kontroversen Lehrpunkten ein erhebliches Maß an Übereinstimmung erreicht ist. Das gilt insbesondere für die Lehre von der Rechtfertigung des Sünders. Von ihr meinen wir feststellen zu dürfen, daß sie keine kirchentrennende Bedeutung mehr hat, so gewiß eine verschiedene Akzentuierung weiterhin vorhanden ist. Das gilt gleicherweise für die Bedeutung, die der Heiligen Schrift und der Verkündigung des Wortes Gottes für Glauben und Leben zugemessen wird.

b) Lehrunterschiede von größerem Gewicht zeigen sich weiterhin in der Lehre von der Kirche, dem kirchlichen Amt und den Sakramenten. Besonders herausgefordert sieht sich die Evangelische Kirche durch die Lehre von der apostolischen Sukzession des kirchlichen Amtes, vom Weihepriestertum, vom Papsttum und von der Stellung Mariens im Heilswerk. Besonders herausgefordert sieht sich die Katholische Kirche durch die Verneinung der sakramentalen Realität des Amtes und der Kirche insgesamt.

c) Wenngleich die Unterschiede in der Lehre von der Kirche, dem kirchlichen Amt und den Sakramenten von besonderer Bedeutung für die Kirchengemeinschaft sind, ist doch schon jetzt ein bestimmtes Maß von Kirchengemeinschaft möglich und gegeben. Sie ist begründet in den Lehren, die auf der Grundlage der altkirchlichen Bekenntnisse unter uns nicht strittig sind, in den in der Kontroverstheologie behandelten Lehraussagen, denen eine kirchentrennende Bedeutung nicht mehr zuerkannt werden kann, sowie auch in den teilweise vorhandenen Übereinstimmungen, die sich selbst in den strittigen Lehrfragen finden.

d) Darum ist aus gemeinchristlicher Verantwortung gemeinsames Handeln in Zeugnis und Dienst möglich und geboten. Das bedeutet zugleich auch wieder einen Schritt auf dem Wege zu vertiefter kirchlicher Gemeinschaft. Denn der gemeinsam begangene Weg und der gemeinsame Vollzug in Zeugnis und Dienst führt zu vertiefter Einsicht und Erfahrung übereinander und miteinander. Darum sollten alle Möglichkeiten zum gemeinsamen Hören des Evangeliums und gemeinsamen Gebet gefördert werden. Das kann geschehen in gemeinsamen Wortgottesdiensten, Bibelstunden, Bibelwochen, Hausbibelkreisen und in anderen gemeinsamen Veranstaltungen (Wege der Kirchen zueinander V, 2 und 3).

5. Kirchengemeinschaft und eucharistische Gemeinschaft

Beide Kirchen gehen davon aus, daß Kirchengemeinschaft und Abendmahlsgemeinschaft einander bedingen. Die eucharistische Gemeinschaft als ein Element der vollen kirchlichen Gemeinschaft ist nicht unabhängig von deren übrigen Elementen zu sehen. Wo die übrigen Elemente der kirchlichen Gemeinschaft fehlen, kann auch keine eucharistische Gemeinschaft bestehen. Es ist jedoch zu fragen, ob alle Elemente in voller Ausprägung und höchster Dichte gegeben sein müssen, damit die volle eucharistische Gemeinschaft verwirklicht werden kann. Wie die Kirchengemeinschaft, so kennt auch die eucharistische Gemeinschaft Stufungen.

Es beschwert uns, daß beim gegenwärtigen Stand der Kirchengemeinschaft volle eucharistische Gemeinschaft noch nicht möglich ist. Wir sind der Meinung, daß die Wahrhaftigkeit des Glaubens gebietet, die derzeitige bedrängende Situation von gleichzeitiger Lehrübereinstimmung und Lehrverschiedenheit auszuhalten und weder in der einen noch in der anderen Richtung vorschnell zu einseitiger Entscheidung zu bringen. Geduld und Hoffnung tut not. Indem wir glauben, daß der Herr Christus selbst in unseren Kirchen gegenwärtig und am Werke ist und selbst das Werk der Einigung in der Wahrheit unter uns betreibt, erbitten wir von ihm die Erleuchtung des Heiligen Geistes für den gebotenen Schritt.

Wo die Wahrhaftigkeit des Glaubens den Kirchen als ganzen die volle eucharistische Gemeinschaft verwehrt, ist sowohl die Evangelische Kirche wie auch die Katholische Kirche der Auffassung, daß um der Seelsorge willen bei besonderen Notlagen in einzelnen Fällen die Zulassung zum Abendmahl bzw. zur Eucharistie einzelnen Gliedern der jeweils anderen Kirche nicht versagt bleiben solle. Dies regelt sich nach den Ordnungen der Kirchen.

Schluß

Unsere Überlegungen versuchen, den Punkt zu fixieren, an dem gegenwärtig die Annäherung unserer Kirchen vor der Notwendigkeit steht, Antworten zu finden und Klärungen herbeizuführen. Die Gegenseitigkeit der Fragen nötigt zur Fortführung des Dialogs, „indem es nicht nur um abschließende Entscheidungen, sondern auch darum geht, daß einer den anderen im Gespräch festhält, vor Grenzüberschreitungen bewahrt und eben dadurch dem anderen ein Gehilfe zur tieferen Erkenntnis der Wahrheit wird". Der Dialog soll fortgeführt werden in der Hoffnung, daß der Herr, zu dem beide Kirchen sich bekennen, uns über die noch bestehenden Grenzen zur sichtbaren Einheit hin weiterführt.

Kirchen im gemeinsamen Zeugnis

Vorwort

"Ihr sollt mir Zeugen sein in Jerusalem und in ganz Judäa und Samarien und bis an die Grenzen der Erde" (Apg 1,8). Dieses Wort des Herrn nimmt alle Christen in Pflicht. Überall und immerzu sind sie gerufen, Zeugnis von Jesus Christus und seiner Botschaft zu geben. Jeder hat das auf seine persönliche Weise zu tun; zugleich kommt es wesenhaft auf die Gemeinschaft der Zeugen an. Je wichtiger eine Angelegenheit ist, um so notwendiger ist es, daß mehrere dasselbe bezeugen, nicht einstimmig, aber doch einhellig. Die wichtigste aller Wahrheiten, die Christuswahrheit, fordert die umfassendste und intensivste Gemeinschaft der Zeugen. Die Christen müssen "eins sein, damit die Welt glaube" (Joh 17,21).
Beidem, der Christuswahrheit und der Christusgemeinschaft, gilt der Versuch, der seitens der Katholischen und der Evangelischen Kirche Westfalens eingeleitet wurde und nunmehr durch diese Veröffentlichung fortgesetzt werden soll. Ohne uns und andere über die noch bestehenden trennenden Unterschiede hinwegzutäuschen, wollen wir miteinander bezeugen, was wir miteinander uneingeschränkt bejahen. Wir hoffen, daß viele dabei mitmachen.
Gott Dank können wir in grundlegenden Glaubenswahrheiten gemeinsam sagen: "Wir bekennen." Diese Worte am Anfang jedes der folgenden Artikel (1) sollen zum Ausdruck bringen, daß es nicht um irgendwelche Meinungsäußerungen und Diskussionsbeiträge geht, sondern um das entschiedene und verbindliche Einstehen für Grundgegebenheiten unseres Lebens. Wir lassen uns dabei von dem uns gemeinsamen Apostolischen Glaubensbekenntnis leiten, auch wenn wir uns die Freiheit nehmen, manche seiner Aussagen zusammenzufassen und andere zu ergänzen. Sodann wird versucht, den heutigen Kontext dieses Bekenntnisses bewußt zu machen. Zunächst ist jeweils (2) davon die Rede, auf welche Faktoren, Probleme und Postulate die christliche Botschaft heute stößt. Den damit verbundenen Fragen schulden wir die Glaubensantwort wie die Glaubensverantwortung. Fast immer können wir feststellen, daß diese Fragen uns nicht nur von außen gestellt werden; sie sind auch in unseren Reihen lebendig und wirksam. Bleibt die rechte Antwort aus, werden Glaube und Zeugnis verfälscht. Entsprechend gilt ein weiterer Teil (3) dem Versuch, uns

den Herausforderungen zu stellen und Rechenschaft zu geben über die Hoffnung, die wir ihnen gegenüber haben. Ein letzter Abschnitt (4) markiert die Anforderungen, die sich daraus für unser Lehren und unser Leben ergeben.

Unser gemeinsames Wort wurde von einer Kommission erarbeitet, zu der Vizepräsident Werner Danielsmeyer, Oberkirchenrat Otto Schmitz und die Weihbischöfe Reinhard Lettmann und Paul-Werner Scheele gehörten. Wegweisende Anregungen für unser Vorgehen verdanken wir der Gemeinsamen theologischen Erklärung zu den Herausforderungen der Zeit, die 1971 von Vertretern der Arnoldshainer Konferenz und der Vereinigten Evangelisch-Lutherischen Kirche Deutschlands als eine Orientierungshilfe veröffentlicht wurde.

Auch unser Versuch will eine Orientierungshilfe bieten: zur Orientierung über unseren Standort in der Welt von heute, über das uns gegebene und aufgegebene Miteinander, über das uns aufgetragene gemeinsame Zeugnis und vor allem über die Fülle der Gnade und Wahrheit, die uns allen in unserem Herrn Jesus Christus geschenkt ist.

Erzbischof Dr. Johannes Joachim Degenhardt
Bischof Heinrich Tenhumberg
Präses D. Hans Thimme

Vom Glauben

1. Wir bekennen, daß wir glauben dürfen und müssen.
Wir glauben, daß wir bekennen dürfen und müssen.

a) Der Glaube ist einzigartiges *Geschenk* Gottes und zugleich die grundlegende und umfassende Antwort auf alle seine Gaben. Glaubend vertraut sich der Mensch ganz und gar Gott an und läßt ihn in sich und durch sich wirken. Im Glauben empfängt er Verzeihung und Rechtfertigung, Leben und Heil. Durch den Glauben werden wir Kinder Gottes. Glaubend nimmt der Mensch das Wort an, das der Vater in seinem Sohn durch den Heiligen Geist ihm zuspricht, und bejaht und beantwortet es kraft eben dieses Geistes in Gemeinschaft mit dem Sohn.

b) Die den Glauben wirkende Gnade entbindet den Menschen nicht vom *Einsatz* seiner selbst, sie entbindet vielmehr seine Kräfte und fordert sie heraus. Als gottgewirkte Antwort des Menschen auf die Liebe Gottes wird der Glaube in der Liebe wirksam (vgl. Gal 5, 6). Wie zur Liebe gehört zum Glauben das ganze Herz, die ganze Vernunft und die ganze Kraft des Menschen (vgl. Mk 12, 30).
Der Glaube ist ganz persönliche Entscheidung des Einzelnen. Zugleich ist er ein Geschehen, das von der Gemeinschaft der Glaubenden mitgetragen wird: von denen, die uns im Glauben vorangegangen sind, wie von denen, die mit uns auf dem Weg sind.

c) Weil das Ja des Glaubens den ganzen Menschen umfassen soll, Herz und Mund, innen und außen, gehört zu ihm das öffentliche *Bekenntnis.* Da Gott sich ganz zum Menschen bekennt, muß der Mensch sich ganz zu ihm bekennen.
Wie keiner von uns für sich selbst lebt oder stirbt (vgl. Röm 14, 7), bekennt keiner für sich selbst noch vor sich selbst noch aus sich selbst. Er bekennt mit anderen, er schließt sich ihrem „Wir bekennen" an.

d) Bekennen und Glauben sind auch deshalb nicht zu trennen, weil die Botschaft, die Gott schenkt, nicht nur für das Schicksal des Einzelnen entscheidend ist, sondern *für die ganze Welt.* Wer es empfängt, ist von Gott selbst her verpflichtet, es weiterzugeben.

2. Seit eh und je ist der Anspruch des Glaubens auf Widerstand gestoßen. Wenngleich der Glaube der tiefsten Sehnsucht des Menschen entgegenkommt, ist er doch alles andere als selbstverständlich. Er geht weit über das Menschenmögliche hinaus und steht zudem mancherlei Wünschen und Erfahrungen entgegen. In unserer Zeit hat der Widerstand besonders geartete Formen angenommen.

a) Wissenschaft und Technik haben unsere Welt entscheidend verändert. Viele sind davon überzeugt, daß in ihr kein Platz mehr für Gott und den Glauben sei.
Der mündig gewordene Mensch will uneingeschränkt sein eigener Herr und Herr der Welt sein. Da der Glaube beidem im Wege steht, widersetzt man sich ihm.

b) In dem Kampf zwischen Individualismus und Kollektivismus, der auf allen Ebenen des Lebens ausgetragen wird, haben viele sich auf die eine oder andere Seite gestellt. In beiden Fällen bedeutet das eine Entscheidung gegen den Glauben. Der Individualismus wendet sich vom Glauben ab, weil dieser in eine große Gemeinschaft einordnet. Der Kollektivismus ist gegen den Glauben eingestellt, weil dieser die Verantwortung des Einzelnen fordert und ihn so aus der Masse herausruft.

c) Bei der unübersehbaren Vielfalt der Einzelerkenntnisse, der Weltanschauungen und Religionen, mit der heute jeder konfrontiert wird, hält man es für falsch und gefährlich, alles Heil von einer einzigen Position abhängig zu machen. Man fürchtet, daß dabei der Einzelne zu kurz kommt, und sieht überdies die notwendige Gemeinsamkeit der Menschen bedroht. Deshalb zieht man eine Toleranz, die alles gelten läßt, einem Glauben vor, der alles von Gott abhängig macht. Erst recht wehrt man sich dagegen, daß man solch einen Glauben öffentlich bekennt und alles daran setzt, ihn weiterzugeben.

d) Mehr als früher ist der Mensch selbst in den Mittelpunkt seines gesamten Strebens gerückt. Er hat die Welt weithin erobert, viele ihrer Kräfte hat er in seinen Dienst gezwungen. Teils beglücken, teils erschrecken ihn die Erfolge seines Tuns. Mit Recht spürt er vertieft seine Weltverantwortung. Ihretwegen wenden sich viele vom Glauben ab in der Meinung, dieser habe es wesentlich mit dem Jenseits zu tun, lenke von der Welt ab, schwäche den Menschen und gefährde seinen dringend gebotenen Weltdienst.

3. Zum christlichen Glauben gehört in jedem Fall die völlige Umkehr zu Gott, welche radikales Umdenken einschließt. Daraus ergeben sich notwendigerweise Schwierigkeiten des Denkens und des Lebens. In der Auseinandersetzung mit ihnen soll der Glaube zu sich selbst kommen und zugleich zum Nächsten hinfinden.

a) Dem von Wissenschaft und Technik faszinierten Zeitgenossen kann bezeugt werden, daß der Glaube, den der Herr der Welt schenkt und fordert, alle Dinge der Welt ernst nimmt. Er bleibt nicht hinter der wissenschaftlichen Bemühung zurück, er geht weiter als sie und eröffnet neue Perspektiven. Er mindert die Freiheit nicht, mißt ihr vielmehr eine Bedeutung zu, die es innerweltlich gar nicht geben kann. Er ermöglicht erst die allerwärts erstrebte Mündigkeit. Erst wenn der Bannkreis des Nur-Menschlichen gesprengt wird und der Einzelne Gott selbst sein Jawort gibt, kommt es zur Vollendung der Menschlichkeit.

b) Im Glaubensgeschehen finden die Anliegen des Individualismus und des Kollektivismus in einzigartiger Weise ihre Erfüllung. Der einzelne Mensch hat es nicht mehr nötig, sich krampfhaft durchzusetzen; er weiß sich von Gott selbst ernst- und angenommen. Er kann und soll in der persönlichen Gemeinschaft mit dem Allerhöchsten leben. Dazu gehört eine Verbundenheit mit allen Glaubenden und letztlich mit allen Menschen, die alle Möglichkeiten überschreitet, die kollektiven Systemen offenstehen. Im Glaubenden ist der tödliche Widerstreit zwischen Individualismus und Kollektivismus überwunden; der Glaubende kann dazu beitragen, daß dies in der ganzen Menschheit der Fall sein wird.

c) Der Glaube widersetzt sich einem Pluralismus, der alle Anschauungen gleich gültig sein läßt und so alle Menschen gleichgültig macht. Der Glaube ist nicht eine beliebige Möglichkeit unter vielen anderen. Er ist die eine, vom Herrn gegebene und geforderte, freie und geschuldete Entscheidung. Wird sie richtig getroffen, gehört zum Ja des Glaubens die Bejahung aller Werte dieser Welt; wird sie richtig gelebt, findet sich in der Gemeinschaft der Glaubenden eine größere Vielfalt, als man sie anderwärts antrifft.

d) Aus der rechten Antwort auf das Wirken Gottes erwächst die Verantwortung für das eigene Wirken in der Welt. Gottesdienst und Weltdienst gehören ihrem Wesen nach zusammen, fordern und fördern einander. Der Glaube führt zu beiden und verpflichtet zu beiden.

4. Viele Mißverständnisse über den christlichen Glauben sind dadurch entstanden, daß Christen ihn verkürzt und verfälscht gelebt und gelehrt haben.

a) Kleingläubig hat man sich der Auseinandersetzung mit der modernen Welt entzogen. Daß die Rechenschaft über den Glauben vernachlässigt wurde, hat vielen den Zugang zu ihm versperrt. Nicht selten hat man, um den Glauben zu wahren, seine Beziehungen zu Mensch und Welt außer acht gelassen. Der auf diese Weise „weltlos" gewordene Glaube hat mit zum Werden einer glaubenslosen Welt beigetragen. Eine umfassende Glaubensverantwortung, die sich auf alle akuten Fragen einläßt, ist eine der wichtigsten Pflichten der Christenheit, der man sich möglichst gemeinsam stellen sollte.

b) Anstatt die berechtigten Anliegen des Individualismus und Kollektivismus aufzugreifen, haben sich viele Christen von ideologischen Verabsolutierungen gefangennehmen lassen. So finden wir eine auf den individuellen Bereich beschränkte Frömmigkeit, die an der Glaubensgemeinschaft und erst recht an den Mitmenschen vorbei gelebt wird. Andererseits begegnen uns Denk- und Lebensformen, die der Würde der einzelnen Person und ihrer Freiheit widerstreiten.

c) Angesichts der reichen Vielfalt unserer Welt sind wir genötigt, der unverkürzten Fülle des Glaubens in uns Raum zu geben. Die Auseinandersetzung mit dem einen oder anderen Irrtum darf nicht dazu führen, daß wir der jeweils entgegengesetzten Einseitigkeit zum Opfer fallen.

d) Es genügt nicht, von der Weltverantwortung zu reden; sie muß gelebt werden. Der Glaube muß auf allen Ebenen des Lebens in der Liebe wirksam werden. In den vielfältigen Nöten der heutigen Menschheit sind die Glaubenden zum Zeugnis und zum gemeinsamen Dienst verpflichtet.

Vom Dreieinigen Gott

1. Wir bekennen Gott als Gott den Vater, Gott den Sohn und Gott den Heiligen Geist. Gott ist unsagbare, unfaßbare, unermeßliche Liebe. Gott ist der Vater, der von Ewigkeit her so ganz Liebe ist, daß er alles mitteilt, was er ist und hat. Aus dieser grenzenlosen Hingabe lebt von Ewigkeit her der Sohn, göttlich groß wie der Vater. Beide sind wiederum in unendlicher Liebe verbunden. Aus dieser wechselseitigen Liebe geht die dritte Person Gottes, der Heilige Geist hervor. Er ist das Person gewordene Band ihrer Liebe, ihre Frucht und ihre Kraft.

2. Die kirchliche Lehre von der Dreieinigkeit stößt für das Verständnis der Menschen auf anscheinend unüberwindliche Schwierigkeiten.

a) Nicht wenige halten sie für eine überflüssige Spekulation, deren Beziehung zu Lebenswirklichkeit und Glaubenserfahrung ihnen verschlossen bleibt.

b) Manche verstehen die Lehre von der Dreifaltigkeit so, als handle es sich um drei Götter oder um verschiedene Erscheinungsweisen des einen Gottes.

c) Da die Lehre von der Dreieinigkeit in der alten Kirche auf dem Boden griechischen Denkens formuliert worden ist, sieht man in ihr vielfach eine unter dem Einfluß antiker Philosophie entstandene Verfremdung biblischer Aussagen.

3. Das Geheimnis des Dreieinigen Gottes übersteigt alles, was wir zu denken und zu sagen vermögen. Wir erfassen es nur, insoweit wir uns von der Offenbarung Gottes erfassen lassen. Deshalb gibt es Schwierigkeiten für unser Erkennen, die nie überwunden werden können. Zugleich aber treten Probleme auf, die lösbar sind, weil sie auf falschen Voraussetzungen beruhen.

a) Zweifellos ist die Lehre vom Dreieinigen Gott durch denkerische Bemühungen vieler Generationen geprägt. Dennoch ist sie alles andere als eine bloße Frucht ungebundener Spekulation. Sie wurzelt im

Zeugnis der Heiligen Schrift vom Vater, vom Sohn und vom Heiligen Geist und ist gewachsen durch das Bestreben der Kirche, dieses Zeugnis zu bedenken, zu beantworten, zu feiern und zu verkündigen.

Verständnis und Vollzug des menschlichen Lebens ändern sich grundlegend, wenn man davon ausgeht, daß an seinem Anfang und am Ursprung aller Dinge die göttliche Gemeinschaft unbegrenzter Liebe, ein totales Miteinander und Füreinander, steht und daß alles auf diese Gemeinschaft hingeordnet ist.

b) In Gott sind Einheit und Dreiheit miteinander gegeben. Diese Spannung muß der Glaube aushalten. Er darf nicht trennen, was in Gott verbunden ist. Deshalb muß er sich der doppelten Versuchung widersetzen, nur die Einheit oder aber nur die Dreiheit anzunehmen. Die Einheit verfehlt, wer an drei Götter denkt, die nebeneinander stehen. Die Dreiheit verkennt, wer lediglich verschiedene Erscheinungsweisen eines Gottes annimmt. Der Glaube bekennt die Einheit in der Dreiheit und die Dreiheit in der Einheit (Athanasianisches Glaubensbekenntnis), die eine Natur in drei Personen.

c) Daß die kirchliche Lehre von der Dreieinigkeit vornehmlich mit Begriffen griechischen Denkens formuliert wurde, mindert nicht deren Geltung. Indem die Kirche den Glauben weitergeben will, muß sie die Sprache gebrauchen, die jeweils verstanden wird. Dabei muß ihr bewußt bleiben, daß man mit keiner Sprache das Geheimnis Gottes erschöpfend zum Ausdruck bringen kann, daß deshalb immer wieder neu gehört, nachgedacht und formuliert werden muß.

Bei aller Begrenztheit ist dem vom griechischen Denken geprägten Glaubensbekenntnis der frühen Kirche zu danken, daß es das biblische Zeugnis vor Mißverständnissen geschützt und seine Grundzüge gültig zum Ausdruck gebracht hat.

4. Die Kirche schuldet der Welt das unverkürzte Bekenntnis zum Dreieinigen Gott. Dabei geht es neben der Verkündigung der rechten Lehre um das lebendige Zeugnis, daß sie sich geborgen weiß in der Gnade des Herrn Jesus Christus, in der Liebe Gottes des Vaters und in der Gemeinschaft des Heiligen Geistes.

a) Die Verkündigung Gottes ohne das Zeugnis von seiner Offenbarung in seinem Sohn Jesus Christus und von seinem Wirken im Heiligen Geist macht Gott zu einem unbestimmten höheren Wesen.

b) Die Verkündigung vom Menschen Jesus ohne die Predigt von seiner Gottessohnschaft und ohne Bezeugung des Wirkens seines Geistes in Kirche und Welt macht Jesus allenfalls zu einem vorbildlichen Menschen.

c) Die Verkündigung vom Heiligen Geist ohne das Bekenntnis, daß er der Geist Jesu Christi ist und ihn in der Welt bezeugt, macht aus der göttlichen Person eine menschliche Idee.

Von Gott dem Vater, dem Allmächtigen, Schöpfer des Himmels und der Erde

1. Wir bekennen Gott, den Vater Jesu Christi, als den allmächtigen Gott, der Himmel und Erde geschaffen hat, sie erhält und regiert.

2. Auch wenn dieses Bekenntnis der Kirche in Verkündigung und Unterweisung weitergegeben wird, geben viele Gott in der Wirklichkeit des Lebens keinen Raum. Sie brauchen ihn nicht und vermissen ihn nicht. Die Gottesfrage erscheint ihnen überholt und bedeutungslos. Das hat mancherlei Gründe:

a) Viele meinen, der Gottesglaube sei ein Relikt aus den Kindertagen der Menschheit, entstanden in einem vorwissenschaftlichen Stadium als ein Produkt menschlicher Ängste und Wünsche. Dem modernen Menschen werde es immer mehr gelingen, durch wissenschaftliche Methoden die Entstehung des Lebens und alle Rätsel der Welt zu lösen. Der Mensch selbst hat Planung und Entwicklung der Welt in seine Hände genommen. Er baut sich selbst seine Zukunft.

b) Viele Menschen leiden darunter, daß sie den allmächtigen Gott, wie ihn die Kirche verkündigt, in der Wirklichkeit ihres Lebens nicht zu erfahren meinen. Sie fragen: Wo ist Gott zu finden? Wo sind seine Spuren zu erkennen? Widerlegt nicht die Erfahrung von Not, Leid, Krieg und Katastrophen die Verkündigung der Kirche von Gott, dem allmächtigen Vater?

c) Der Gottesglaube wird mitverantwortlich gemacht für die vielfache Abhängigkeit des Menschen; er stehe der Selbstentfaltung des Menschen im Wege. Er wird als ein Mittel zur Unterdrückung in der Hand der Herrschenden verstanden. Man fordert deshalb, der Mensch müsse vom Gottesglauben befreit werden, damit er sich selbst verwirklichen könne.

3. Diese Probleme stellen sich nicht nur von außen. Sie werden als Anfechtungen auch von Christen durchlebt.

a) Dem Gläubigen bleibt die Herausforderung durch die Wissenschaft nicht erspart; sie kann wesentlich zur Bewährung des Glaubens wie der Weltverantwortung beitragen.
Das Bekenntnis zu Gott dem Schöpfer führt zur vollen Bejahung der Welt und des Menschen samt seiner wissenschaftlichen und technischen Betätigung. Mit den Mitteln der Wissenschaft sucht der Mensch die Welt, ihre Geschichte und ihre Gesetze zu erforschen. Er nutzt sein Wissen, um die Welt für den Menschen zu einem entsprechenden Lebensraum zu gestalten. Glaube und Wissenschaft stehen einander nicht im Wege. Rechte Wissenschaft weiß um ihre Grenzen. Sie kann die Frage nach dem Sinn und Ziel des Menschen und der Welt von sich aus nicht beantworten. Hier ist der Glaube gefragt.
Der Glaube an Gott, den Schöpfer und Herrn, gibt dem Menschen Kriterien zur Gestaltung der Welt und des menschlichen Lebens. Wo der Mensch selbstherrlich Welt und Zukunft zu gestalten sucht, steht er in Gefahr, sie zu zerstören.

b) Auch Christen leiden an der Verborgenheit und Unbegreiflichkeit Gottes und seiner Wege. Das tausendfache Warum ist auch ihre Frage. Sie stimmen ein in den Ruf des leidenden Christus: „Warum hast du mich verlassen?" In Christus ist Gott in das Leiden der Menschen hinabgestiegen. Es ist die Glaubenserfahrung vieler Christen aller Jahrhunderte, daß Gott ihnen im Aufblick zu Christus Kraft und Trost gegeben hat. Mitten im Leiden sind sie der Liebe Gottes gewiß geworden.

c) Der Gottesglaube macht den Menschen nicht unmündig. Er befreit ihn dazu, seine Situation nüchtern zu erkennen. Er hilft ihm, die ihm verliehenen Gaben in Verantwortung vor Gott zu gebrauchen. So erst gewinnt der Mensch seine eigentliche Würde. Das Ja zu Gott als Schöpfer und Herrn schließt das Ja zum Menschen ein. Gottes Herrschaft setzt der Herrschaft von Menschen über Menschen eine Grenze und duldet keine Ausbeutung und Unterdrückung.

4. a) Der Gottesglaube wird mißverstanden, wo Gott zum Lückenbüßer erniedrigt wird, dem der Raum verbleibt, den die Wissenschaft noch nicht erforscht hat. Der Schöpfer steht über seiner Schöpfung. Alles hat mit ihm zu tun.

b) Der Gottesglaube wird mißverstanden, wo man bei religiösen Erlebnissen stehen bleibt, denen die Bindung an den persönlichen Gott fehlt. Der Vater Jesu Christi ruft den Menschen zu Begegnung und Gemeinschaft mit ihm.

c) Der Gottesglaube wird mißverstanden, wo Gott in Dienst genommen wird als Garant und Hüter des Bestehenden. Gott will die Vollendung der Schöpfung und will, daß der Mensch dabei mithilft.

Von Gott dem Sohn –
wahrer Gott und wahrer Mensch

1. Wir bekennen, daß Gottes ewiger Sohn in Jesus Christus Mensch geworden ist. Er gehört ganz auf die Seite Gottes, und er hat sich ganz auf die Seite der Menschen begeben; er ist wahrer Gott und wahrer Mensch.

2. Das Interesse an der Person Jesu ist über den Raum der Kirche hinaus lebendig. Gleichzeitig stößt das Christuszeugnis der Kirche auf Unverständnis und Ablehnung.

a) Viele sind der Meinung, daß im Christusbekenntnis der Kirche das wahre Bild Jesu dogmatisch übermalt und dadurch verfälscht worden sei; dem historischen Jesus sei es um die Erfüllung des Willens Gottes zu tun und nicht um dogmatische Formeln.

b) Vielen geht es allein um den Menschen Jesus. Für sie ist der Jesus des Neuen Testamentes der Mensch, der in Liebe und Opferbereitschaft für alle da ist. Wenn die Bibel ihn den Sohn Gottes nenne, bedeute das nicht mehr, als daß in ihm das Menschsein zur höchsten Vollendung gekommen sei.

c) Viele haben die Sorge, daß Gott von den Christen zu sehr ins Menschliche hineingezogen werde; sie befürchten, daß bei der Bemühung um die Sache Jesu die Verehrung seiner göttlichen Person zu kurz komme.

d) Bei anderen tritt hinter der Verehrung der Gottheit Jesu Christi sein wahres Menschsein zurück. Das kann zur Folge haben, daß darüber das Fragen nach Jesu Willen und Weg, die Nachfolge, zu kurz kommt.

3. Diese Anfragen an das Zeugnis der Kirche können helfen, Christus besser zu erkennen und lebendiger zu bekennen.

a) Die historisch-kritische Forschung und das erneute Nachdenken über das Zeugnis des Neuen Testamentes haben vertieft bewußt gemacht, daß Jesus gekommen ist, um den Willen Gottes zu erfüllen. Er ruft die Herrschaft Gottes aus, die für alle Menschen das Heil bringt. In ihm bricht die Herrschaft Gottes an. Die Einzigartigkeit des Auftrages Jesu läßt sich nicht trennen von der Einzigartigkeit seiner Person. Die christologischen Aussagen des Neuen Testamentes bezeugen diesen Auftrag und Anspruch. Das kirchliche Bekenntnis nimmt sie auf und gibt sie weiter.

b) Das kirchliche Bekenntnis will das Menschsein Jesu wahren. Daß es gleichzeitig die Gottheit Jesu bekennt, geschieht im Gehorsam gegen das biblische Zeugnis. Ohne den Sohn Gottes wären die Menschen sich selbst und ihrer Selbstrechtfertigung überlassen. Auch der vollkommenste Mensch steht der Übermacht der Sünde und des Todes ohnmächtig gegenüber. Überdies wäre sein überragendes Beispiel für die anderen unnachahmbar. Es würde unter ein Moralgesetz stellen, das in die Verzweiflung führt.

c) Jesus Christus wird mit dem Vater angebetet und verherrlicht. Die Sorge, der Gottheit Christi nicht hinreichend gerecht zu werden, sollte alle Christen bewegen. Das darf aber nicht dazu führen, seine Menschheit zu verkürzen. Gerade Christi Gottheit ermöglicht eine Fülle des Menschseins, wie sie ein bloßer Mensch aus sich nicht erreichen kann.

d) Das kirchliche Bekenntnis betont die Menschwerdung des Sohnes Gottes. Als Mensch ist er unser Bruder und bleibt doch zugleich Gottes Sohn. Das verleiht dem Ruf zur Nachfolge den vollen Ernst und ermöglicht sie, weil der, der in die Nachfolge ruft, auch die Kraft dazu schenkt.

4. a) Das Christuszeugnis kann sich nicht auf die Weitergabe dogmatischer Lehrsätze beschränken. Es muß im Hören auf das biblische Wort immer wieder erneuert, konkretisiert, angereichert und verlebendigt werden.

b) Gewiß wird jeder Mensch und jede Zeit von der einen oder anderen Seite des Lebens und Wirkens Jesu besonders angesprochen. Das zu bezeugen, kann die je persönliche Aufgabe sein. Zugleich aber ist jeder gehalten, den ganzen Christus, wie er im Zeugnis der Schrift und der Kirche begegnet, zu suchen und zu bekennen.

Von Gott dem Sohn, dem Erlöser – Kreuz und Auferstehung

1. Wir bekennen, daß durch Jesu Christi Leben und Wirken, vor allem durch sein Leiden, Sterben und Auferstehen, das umfassende Heil für alle Menschen gegeben ist. Durch seinen Tod am Kreuz hat Jesus die Menschen mit Gott versöhnt und ihnen durch seine Auferstehung von den Toten das neue Leben bei Gott eröffnet.

2. Das kirchliche Zeugnis von Kreuz und Auferstehung trifft von jeher auf Mißverständnis und Widerspruch. Es ist „für Juden ein Anstoß, für Heiden eine Torheit" (1 Kor 1, 23). Heute ergeben sich insbesondere folgende Fragen:

a) Wie können Leben und Sterben eines Einzelnen Heilsbedeutung haben für alle? Wie kann Gott seinen eigenen Sohn in den Tod geben? Gehört nicht die Vorstellung, daß Gott ein Opfer will, einer überwundenen Religiosität an?

b) Ist der Glaube an die Auferstehung Jesu von den Toten nicht eine mythologische Vorstellung vergangener Zeiten, die in einem durch die Wissenschaft geprägten Zeitalter nicht mehr vollziehbar ist?

c) Ist der Gedanke an Jesus Christus den Erlöser nicht einer Zeit verhaftet, da die Menschen noch nicht in der Lage waren, ihr eigenes Schicksal in die Hand zu nehmen? Bedarf der Mensch überhaupt der Erlösung? Kann und muß er sich nicht vielmehr selbst befreien? Ist die Befreiung von Ungerechtigkeit, Hunger, Krankheit und Not, von wirtschaftlicher und politischer Bevormundung nicht alles, was der Mensch braucht?

3. Das Zeugnis der Schrift gibt auf diese Fragen folgende Antwort:

a) „Gott hat die Welt so geliebt, daß er seinen einzigen Sohn hingab" (Joh 3, 16). Gott hat nicht Opfer gefordert, sondern selbst das Beste für die Menschen geopfert. Jesus Christus hat sich diesen Willen des Vaters ganz zu eigen gemacht. So konnte in seinem Leben und Sterben das geschehen, was menschlicher Stellvertretung versagt bleibt: Er hat das Gericht Gottes über alle menschliche Schuld auf sich genommen und so die Befreiung bewirkt, die über alle menschlichen Möglichkeiten hinausgeht.

b) Die Botschaft von Kreuz und Auferstehung ist die Mitte des neutestamentlichen Zeugnisses. In aller ihrer Vielfalt bezeugen die Aussagen des Neuen Testamentes übereinstimmend, daß Jesus Christus sich nach seinem Tod den Seinen als der Lebende gezeigt hat. Dadurch wurde ihr Zweifel und Unglaube überwunden. So wurde ihnen gewiß, was auch in ihr Weltbild nicht hineinpaßte: daß der Tod am Kreuz nicht das Ende Jesu gewesen ist. Gott hat ihn von den Toten auferweckt.

c) Das in Kreuz und Auferstehung geschenkte Heil geht tiefer und weiter als alles, was Menschen aus eigener Macht erreichen können. Es rührt an die Wurzel aller Mißstände in dieser Welt, die wir mit unseren Mitteln nicht zu beseitigen vermögen: Gottesferne und Schuldverstrickung. Das Heil übersteigt alles, was Menschen heute und in Zukunft bewirken können. Mit der Auferstehung ist der Anfang der neuen Welt gegeben. Diese Gewißheit verpflichtet zum Einsatz für eine bessere Welt mit allen zur Verfügung stehenden Mitteln. Sie gibt Mut und Kraft und richtet alle menschlichen Aktivitäten auf das höchstmögliche Ziel aus.

4. Die Kirche ist berufen, die ganze Christuswahrheit zu verkündigen. Das fordert von ihr, sich allen Verkürzungen zu widersetzen.

a) Das Bekenntnis der Kirche zu Jesus Christus dem Gekreuzigten wird nicht gewahrt, wenn sein Tod nur als Solidarität mit dem Schicksal der Menschen gedeutet wird: Jesu Kreuz ist weder nur Ausdruck für alles menschliche Kreuz und Leid noch nur Protest gegen Ungerechtigkeit und Not. Sein Tod hat grundlegende Bedeutung für das Schicksal der Menschen. Die Bezeugung des Todes Jesu als sühnende Hingabe an Gott für die Menschen gründet – gemäß der Schrift – in Leben und Sterben Jesu selbst und ist nicht erst Ergebnis späterer Lehrentwicklung.

b) Das Bekenntnis der Kirche zum auferstandenen Herrn Jesus Christus wird nicht gewahrt, wenn das Osterzeugnis der Jünger nur als Umschreibung der Bedeutsamkeit des Kreuzes gewertet wird oder als eine Aussageweise dafür, daß die Sache Jesu weitergeht. In der Auferstehung geschieht nicht nur etwas an den Jüngern, sondern zuerst an Jesus selbst und so an der Welt. Dieses Ereignis kann mit menschlichen Möglichkeiten nicht hinreichend erfaßt werden, noch läßt es sich in den natürlichen Rahmen der menschlichen Geschichte einordnen. Gleichwohl gehört es zu ihr, steht in ihrer Mitte und bedeutet die entscheidende Wende aller Geschichte.

c) Das Bekenntnis zum Erlöser wird mißverstanden, wenn Erlösung auf innerweltliche Befreiung beschränkt bleibt. Die eigentliche Befreiung, die Jesus bringt, besteht nach der Bibel in Rechtfertigung, Versöhnung, Gemeinschaft mit Gott, in einem neuen Leben, in einer neuen Schöpfung.

Von Gott dem Sohn,
dem Haupt der Kirche und Herrn der Welt

1. Wir bekennen, daß Jesus Christus, Gottes Sohn, das Haupt seines Leibes, der Kirche ist. Der im Heiligen Geist gegenwärtige Herr versammelt, regiert, schützt und erhält sie durch Wort und Sakrament in der Einheit des Glaubens. Er beschenkt alle ihre Glieder mit seinen Gnadengaben und sendet sie hinaus in alle Welt. Er beruft und bevollmächtigt zum Dienst an Wort und Sakrament.
Nach dem Willen des Vaters ist Christus der Herr der Welt. „Alles ist durch ihn und auf ihn hin geschaffen" (Kol 1, 16). Zur Rechten des Vaters erhöht, hat er Anteil an der Macht und Herrlichkeit Gottes. Auf verborgene Weise regiert er die Welt und führt sie ihrem Ziel, dem Reich Gottes, entgegen.

2. Diese Botschaft der Kirche begegnet Mißverständnissen und Zweifeln.

a) Nach der Überzeugung vieler lebt und handelt die Kirche augenscheinlich wie andere vergleichbare Institutionen. Darum wird die Berufung auf die Gemeinschaft mit Christus als eine ideologische Überhöhung angesehen.

b) Für viele verstärkt sich der Anstoß durch die konkrete Gestalt der Kirche. Sie können dem nicht zustimmen, daß Christus sich in einzigartiger Weise mit einer Gemeinschaft verbindet, die doch vor aller Augen mit menschlichen Fehlern und Verirrungen belastet ist.

c) Der Gedanke der Herrschaft Christi über die Welt erscheint vollends als eine Fiktion ohne jeglichen Realitätswert, da die Weltgeschichte nach immanenten Gesetzen abläuft, auf die weder Christus noch seine Kirche maßgeblichen Einfluß zu nehmen in der Lage seien.

d) Die Lehre von der Herrschaft Christi über die Welt wird weithin als Versuch verstanden, ungerechtfertigte Machtansprüche geltend zu machen und klerikale Herrschaft zu gewinnen und auszuüben.

3. a) Daß die Kirche augenscheinlich in vielem anderen Gemeinschaften zum Verwechseln ähnlich ist, wird nicht selten von ihren Gliedern noch stärker empfunden als von Außenstehenden. Auch für sie bringt das viele Fragen mit sich. Sie quälen und bedrängen; sie können aber auch helfen, das Geheimnis der Menschenfreundlichkeit Gottes tiefer zu erfassen: Die Bibel bezeugt, daß der Herr, der als Mensch und unter Menschen leben wollte, auch in menschlicher Gemeinschaft und durch sie wirken will. Diese Erkenntnis kann ermutigen, aber nicht beruhigen. Der Herr, der Gemeinschaft mit seiner Kirche hat, steht ihr als Herr und Richter gegenüber.

b) Versagen und Sünde im kirchlichen Leben erschweren den Zugang zur Kirche, können aber auch einen neuen Zugang zum Herrn eröffnen. Er ist nicht gekommen, Gerechte zu rufen, sondern Sünder (Mk 2, 17): Er will nicht eine elitäre Gruppe, sondern eine Gemeinschaft, die Raum für alle hat. Bis zum Ende der Zeit gehören in seiner Kirche gemäß Jesu Gleichnissen „Unkraut und Weizen", „gute und schlechte Fische" zusammen (vgl. Mt 13, 24–43).

c) Die Christenheit muß sich vieler Versäumnisse schuldig bekennen. Dennoch trifft es nicht zu, daß die Bezeugung der Herrschaft Christi in Wort und Werk der Kirche ohne Wirkung auf die Welt geblieben sei. Das gilt über den religiösen Bereich hinaus auch für das soziale, politische und kulturelle Leben. All das hebt die Verborgenheit des göttlichen Handelns in der Geschichte nicht auf. Auch im Blick auf Jesus Christus bleibt das Wort des Alten Testamentes gültig: „Fürwahr, du bist ein verborgener Gott" (Jes 45, 15).

d) Wie alle Menschen stehen die Christen in der Versuchung, Macht zu begehren und zu mißbrauchen. Die besondere Gefahr der Kirche besteht darin, daß sie sich an die Stelle des Herrn setzt, dessen Herrschaft sie verkündigt. Die Gefahr, dieser Versuchung zu erliegen, ist immer gegeben. Wo die Botschaft von der Herrschaft Christi angenommen wird, hilft sie, dieser Versuchung zu widerstehen. Jesus ist gekommen, nicht zu herrschen, sondern zu dienen. Wer ihn als seinen Herrn bekennt, wird auf diesen Weg gerufen.

4. Jesus Christus ist gekommen, daß alle eins seien (Joh 17, 21). In ihm ist Gottheit und Menschheit vereinigt. Durch ihn soll es eine neue

Gemeinschaft mit Gottes Volk und Gottes Welt geben. Allzu leicht wird diese Verbindung verkannt bzw. verfehlt. Das geschieht, wenn man trennt, was der Herr verbunden hat, oder aber, wenn man es vermischt.

a) Die gottgewollte Verbundenheit von Haupt und Gliedern (1 Kor 12, 12–27) wird verfehlt, wenn man meint, Jesus bejahen und Kirche verneinen zu können. Niemand kann aus eigener Kraft für sich allein ihm nachfolgen. Jesu Einladung zur Gemeinschaft mit ihm umschließt immer auch die Gemeinschaft mit den Seinen.

b) Das Ja zur Christus-Gemeinschaft wird auch gefährdet, wenn die Kirche sich in falscher Weise mit Christus identifiziert. Das ist der Fall, wenn sie vergißt, daß er ihr als Herr und Richter gegenübersteht.

c) Das Handeln Gottes für die Welt in Schöpfung und Erlösung wird verkannt, wenn man außer acht läßt, daß Jesus Christus nicht nur Haupt der Gemeinde, sondern Herr der Welt ist. Wird seine Herrschaft nicht anerkannt, bleibt die Welt sich selbst und anderen Mächten überlassen.

d) Das Reich Christi ist nicht von dieser Welt, so sehr es für sie ist. Wer Reich Gottes und Welt nicht unterscheidet, steht in der Gefahr, eigenmächtig Gottes Reich in der Welt aufrichten und Gottes Handeln am Tage der Wiederkunft Jesu Christi vorgreifen zu wollen.

Von Gott dem Heiligen Geist

1. Wir bekennen die Gemeinschaft des Heiligen Geistes.
Von Ewigkeit zu Ewigkeit ist sie im Dreieinigen Gott gegeben. Als dritte göttliche Person geht der Heilige Geist aus dem Vater und dem Sohn hervor und lebt als Inbegriff, Kraft und Frucht der unendlichen göttlichen Liebesgemeinschaft.
Alles göttliche Wirken in Schöpfung, Erlösung und Vollendung geschieht in der Gemeinschaft des Heiligen Geistes. „Empfangen durch den Heiligen Geist" lebt und wirkt Jesus Christus in der innigsten Gemeinschaft des Heiligen Geistes, die es in dieser Welt gibt. Um die Seinen eins werden zu lassen, wie er und der Vater eins sind (vgl. Joh 17), schenkt er ihnen den Heiligen Geist und begründet damit eine neue Gemeinschaft des Heiligen Geistes in und mit den Menschen.
Sie ist in der Kirche gegeben, deren innerste Kraft der Heilige Geist ist. Sie ist auf eine besondere Weise jedem einzelnen Gläubigen ganz persönlich geschenkt: „denn die Liebe Gottes ist ausgegossen in unsere Herzen durch den Heiligen Geist, der uns gegeben ist" (Röm 5, 5).

2. a) Viele Zeitgenossen widersetzen sich Wort und Anspruch des Zeugnisses vom Heiligen Geist. Sie können mit Heiligkeit wie mit Geistigkeit wenig anfangen. Sie halten beide angesichts der Realitäten des Lebens für unwirksam, wenn nicht gar für unwirklich. Die nüchtern überprüfbaren Tatsachen scheinen zu bestätigen, daß es sich mit dem Heiligen Geist nicht anders verhält.

b) Insbesondere nimmt man daran Anstoß, daß Kirche und Heiliger Geist zusammengebracht werden. Eine allgemeine Abneigung gegenüber der Institution und der festen, verbindlichen und verpflichteten Gemeinschaft, Unbehagen und Kritik an der Kirche und deren krisenhafte Entwicklungen lassen die Berufung auf die in ihr gegebene Gemeinschaft des Heiligen Geistes als Anmaßung erscheinen. Andere werten sie als eine Art Ideologie, die den Besitzstand verherrlichen und verteidigen soll.

c) Daß der Einzelne „Tempel des Heiligen Geistes" ist, erscheint vollends unglaublich. Der Widerspruch kommt aus entgegengesetzten

Richtungen: Die einen veranschlagen die Selbständigkeit und Würde des Menschen so hoch, daß sie diese durch ein Innewohnen des Heiligen Geistes beeinträchtigt sehen. Andere finden, daß der Mensch angesichts der Massen und Mächte so gering ist, daß der Anspruch wahnwitzig erscheint, dieses begrenzte und zerbrechliche Wesen lebe in der Gemeinschaft des Heiligen Geistes.

3. a) Alle Versuche, die Wirklichkeit des Heiligen Geistes mit unseren Maßstäben zu messen, sind zum Scheitern verurteilt. Ob man die Begriffe Heiligkeit und Geist oder andere nimmt, wie immer man sie versteht, sie können die Wirklichkeit des Gottesgeistes nicht erfassen. Dieselbe ist ein Geheimnis, das größer ist als unser Herz und erst recht als unser Verstand. Zugleich ist sie tiefer in uns gegeben als unser eigenes Leben, das von ihr getragen, durchdrungen und umfangen wird. Nicht weil der Heilige Geist uns so fern wäre, sondern weil er uns so nahe ist, tun wir uns schwer, ihn zu erkennen und von ihm zu sprechen. Je tiefer wir in die Natur eindringen, desto näher kommen wir dem Schöpfergeist, auch wenn uns das nicht bewußt wird. Er wirkt in den Dingen wie in dem Forschen und Gestalten des Menschen. „Er umfaßt das All und hat Kenntnis von jedem Hauch" (Weish 1, 7).

b) Die besondere Gegenwart des Heiligen Geistes in der Kirche ist alles andere als eine Verherrlichung des Bestehenden; sie ist dessen stete Beunruhigung. Sie ist Gericht über alles, was dem Wesen des Gottesgeistes zuwider ist; sie ist Gnade, die ein Handeln erlaubt und fordert, das über die menschlichen Möglichkeiten hinausgeht.
Kraft des Heiligen Geistes kann die Kirche die Christuswahrheit erfassen, vertieft erkennen und weitergeben, wie der Herr verheißen hat: „Wenn der Geist der Wahrheit kommt, wird er euch in alle Wahrheit einführen" (Joh 16, 13). „Er wird bei euch bleiben und in euch sein" (Joh 14, 17). Kraft des Heiligen Geistes kann die Kirche Sakramente spenden, die nicht nur auf den Herrn hinweisen, sondern Werkzeuge seines Wirkens sind und dieses Wirken bei uns ankommen lassen. Kraft des Heiligen Geistes hat die Kirche die Chance und die Pflicht, in der Liebe zu leben.

c) Allen, die den Menschen geringschätzen, ist zu sagen, daß der Herr durch die Gabe des Heiligen Geistes jedem Menschen einen unermeßlichen Wert und eine unfaßbare Seligkeit schenken will.

Allen, die auf die Selbständigkeit und Würde des Menschen bedacht sind, ist zu bezeugen, daß gerade diese Geschenk des Heiligen Geistes sind und nie gegen, sondern nur mit ihm gewonnen werden können.

Dabei sollten die Christen sich dessen bewußt sein, daß es nicht genügt, diese Wahrheit mit Worten zu bekunden; sie ist in unsere ganze Existenz hineingegeben, sie muß mit allen Kräften unserer Existenz bezeugt werden.

4. a) Die Wirklichkeit des Heiligen Geistes verfehlt, wer ihn ausschließlich jenseits unserer Welt oder wer ihn allein im Diesseits sucht. Der Heilige Geist lebt und wirkt vor und über aller Kreatur und zugleich in ihr und durch sie. Er steht höher über den Dingen, als irgendeine idealistisch verstandene Geistigkeit es tun kann; er ist ihnen innerlicher verbunden, als irgendein materialistisch gesehenes Naturelement es sein kann.

b) Die Wirklichkeit des Heiligen Geistes verfehlt, wer nur den einen oder anderen Teil der Kirche auf ihn bezogen sieht, sei es einen bestimmten Abschnitt ihrer Geschichte, einen begrenzten Ausschnitt ihrer Tätigkeit oder einen exklusiven Kreis ihrer Glieder.

Es mag geistvergessene Zeiten der Kirchengeschichte geben, es gibt jedoch keine geistlosen Perioden in ihr, nicht einmal geistlose Augenblicke. Deshalb geht am Wirken des Gottesgeistes vorbei, wer es etwa nur in der Urkirche, nur im Mittelalter, nur in der Reformation oder gar nur in unserer Zeit annimmt. Es ist auch nicht so, daß der Geist bloß in besonders qualifizierten Diensten am Werk wäre, etwa nur in der Verkündigung oder nur bei der Sakramentenspendung, so sehr diese sein Wirken auf besondere Weise gegenwärtig machen. Als innerste Kraft der Kirche will er alles erfüllen, was sie im Namen Christi zu tun hat. Freilich geschieht das in unbegreiflicher Freiheit und in Respektierung unserer freien Entscheidung. Deshalb wird die Kirche seiner niemals so habhaft, daß sie über ihn verfügen könnte. Ebensowenig läßt er sich auf bestimmte Glieder der Kirche beschränken. Er ist weder den Amtsträgern noch irgendwelchen Sondergruppen oder privilegierten Einzelnen reserviert. Er ist der eine Geist, der in den verschiedensten Personen und Diensten wirkt.

c) Die Wirklichkeit des Heiligen Geistes verfehlt, wer nicht erfaßt, wie sehr er jedem Einzelnen zugewandt ist. Der Geist der Gemeinschaft ist zugleich der Geist der Person und der Persönlichkeit. Seine Liebe, die für alle da ist, wird jedem auf ganz persönliche Weise geschenkt. Für immer zugedacht, wird sie in jedem Augenblick neu gegeben. In den außergewöhnlichen wie in den gewöhnlichen Dingen, feiertags und alltags, im Gebet wie bei der Arbeit will er bei uns sein und bleiben.

Vom Menschen

1. Wir bekennen, daß der Mensch Gottes Geschöpf ist. Von Gott zu seinem Partner berufen, ist er in einzigartiger Weise herausgehoben und der ganzen Schöpfung verbunden und verpflichtet. Der zur Gemeinschaft mit Gott geschaffene Mensch hat die ihm gegebene Freiheit mißbraucht und sich von Gott abgewandt. Alle Menschen sind unentrinnbar der Schuld, der Sünde und dem Tod verfallen. Davon gibt es allein durch Jesus Christus Befreiung.

2. Die Frage nach dem Menschen ist in unserer Zeit erneut aufgebrochen. Neue Erkenntnisse und Fähigkeiten, ungeahnte Möglichkeiten und tödliche Gefährdungen stellen die Frage nach dem Woher und Wohin, dem Wozu und dem Wie menschlichen Lebens.
Die sachgerechte Antwort wird zu einer Sache des rechten Lebens, wenn nicht gar des Überlebens. Die Antwort der Kirche wird von vielen als überholt und wenig hilfreich, ja sogar als schädlich angesehen.

a) Viele fragen, ob die biblische Sicht des Menschen im Blick auf die wissenschaftliche Entwicklungs- und Abstammungslehre noch aufrecht erhalten werden könne.

b) Besonderer Kritik ist die Lehre ausgesetzt, daß der Mensch Sünder ist. Es wird etwa gesagt, verkehrtes Verhalten des Menschen sei auf Vererbung, Krankheit und falsche Erziehung zurückzuführen; es sei deshalb keine persönliche Schuld, für die der Mensch voll Verantwortung trage. Man könne es der Psychologie, der Medizin und der Sozialpädagogik überlassen, die Ursachen für das Fehlverhalten zu beseitigen.
Andere erkennen wohl persönliche Schuld an, sie sehen sie jedoch ausschließlich im menschlichen Bereich gegeben und sind der Überzeugung, daß sie allein dort überwunden werden kann und muß.

c) Auf völliges Unverständnis stößt die Überzeugung von der unüberwindlichen Schuldverstricktheit jedes Menschen. Dabei wird der Vorwurf erhoben, durch diese Lehre werde das sittliche Streben gelähmt und der Mensch an seiner Selbstverwirklichung gehindert.

d) Man begegnet immer wieder dem Einwand, der Glaube, daß der Mensch Gottes Geschöpf sei, führe ihn in die Unmündigkeit und halte ihn darin fest. Er vertraue einem Schöpfer, anstatt selbst schöpferisch tätig zu werden. Er nehme insbesondere die gesellschaftlichen Verhältnisse als gottgegeben hin, während es darum gehe, eine bessere Welt zu schaffen, in der es vor allem keine Herrschaft von Menschen über Menschen und keine Ausbeutung von Menschen durch Menschen gibt.

e) Man erklärt, der Mensch müsse sich damit abfinden, daß der Tod nichts anderes ist als das unwiderrufliche Ende seines Lebens. Diese nüchterne Erkenntnis könne helfen, die Todesangst zu überwinden, mit der jeder ohne Ausflüchte fertig werden müsse.

3. Wir müssen uns den Herausforderungen, die uns in dieser Kritik begegnen, stellen und neu über unseren Glauben hinsichtlich des Menschen Rechenschaft geben.

a) Die Bibel bezeugt, *daß* der Mensch von Gott geschaffen ist; sie läßt offen, *wie* das näherhin geschehen ist. Damit eröffnet sich der menschlichen Aktivität ein weites Feld. Zum Auftrag „Macht euch die Erde untertan!" gehört auch die wissenschaftliche Erforschung der Welt und des Menschen. Sie steht daher grundsätzlich nicht im Widerspruch zum Auftrag des Schöpfers; vielmehr ist sie eine Weise, ihm zu entsprechen. Das schließt nicht aus, daß zwischen dem Glaubensverständnis und der Deutung wissenschaftlicher Ergebnisse Spannungen auftreten können. Sie werden in dem Maße überwunden, wie Glaube und Wissenschaft bei der je eigenen Sache bleiben.

b) Gewiß haben Vererbung, Krankheit und Erziehungsfehler für das Leben eines Menschen schwerwiegende Bedeutung. Wir müssen dankbar sein für Erkenntnisse, die uns in dieser Hinsicht die Humanwissenschaften vermittelt haben. Es muß anerkannt werden, daß manche therapeutische Hilfe möglich ist. Gleichwohl ist damit nicht alles Fehlverhalten des Menschen erklärt noch behoben. Allgemeine menschliche Erfahrung zeigt, daß zum Menschsein die persönliche Verantwortung für das eigene Handeln gehört. Ein radikales Bestreiten der Schuld führt zu einer radikalen Bestreitung menschlicher Würde und Freiheit. Verantwortung im vollen Sinn gibt es nur vor einer letzten Instanz, der man unabdingbar Rede und Antwort stehen muß. Deshalb läßt sich menschliches Versagen nicht auf den rein menschlichen Bereich eingrenzen. Es bezieht sich zuerst und zuletzt immer auf Gott. Er allein ist es auch, der von aller Schuld befreien kann.

c) Die Lehre von der Schuldverstricktheit des Menschen schließt das sittliche Streben nicht aus. Sie ernst zu nehmen, setzt die Anerkennung von Verantwortung voraus und entbindet nicht von der Verpflichtung, das Mögliche zu tun. Dabei kann es durchaus zu großen menschlichen Leistungen kommen, auch solchen, die dem Wohl des Menschen dienen. Im übrigen muß der, der die Lehre von der Schuldverstricktheit des Menschen bestreitet, sich fragen lassen, wie er der Erfahrung Rechnung trägt, daß die Menschheitsgeschichte eine Geschichte der Schuld und des Scheiterns ist und daß auch heute Menschen immer wieder aneinander schuldig werden.

d) Daß der Mensch als Partner Gottes berufen ist, verpflichtet ihn, im Sinne des Schöpfers in der Welt zu wirken. Es verwehrt ihm, sich untätig mit Mißständen abzufinden, und gebietet ihm den Kampf gegen Unterdrückung, Ausbeutung, Hunger und Armut.

e) Mit einer biologischen Erklärung ist das Geheimnis des Todes keineswegs gelöst. Nach wie vor fragt und drängt der Mensch über die Todesgrenze hinaus. Gerade das Beste in ihm wie Liebe, Freude, Treue, Gemeinschaft findet sich mit dem Ende nicht ab.

4. Die christliche Lehre vom Menschen schenkt Offenheit für alle Dimensionen menschlichen Lebens.

a) Nur wer Gott kennt, kennt den Menschen. Deshalb gibt es keine realistische Lehre vom Menschen ohne den Bezug auf Gott. Die Wirklichkeit des Menschen wird verfehlt, wenn man den Menschen ins Zentrum stellt und über dem Menschen Gott aus dem Blick verliert. Die Wirklichkeit Gottes wird verfehlt, wenn man den Menschen außer acht läßt; denn Gott liebt den Menschen.

b) Gottesliebe und Menschenliebe gehören zusammen und dürfen nicht gegeneinander ausgespielt werden. Niemand kann den Menschen wahrhaft lieben, wenn nicht die Gottesliebe in ihm lebendig ist. Niemand kann Gott lieben und gleichzeitig dem Menschen die Liebe schuldig bleiben.

c) Jeder Mensch hat als Geschöpf eigene Würde und eigenen Wert. Er wird nicht richtig gesehen, wenn man ihn nur als Glied der Gesellschaft versteht. Er lebt in persönlicher Unmittelbarkeit zu Gott. Man verfehlt aber auch sein Wesen, wenn man ihn nur als Individuum sieht. Er ist in allen Bereichen seines Lebens ein soziales Wesen und auch in der Gemeinschaft auf Gott bezogen.

Von der Rechtfertigung und von der Heiligung

1. Wir bekennen, daß Jesus Christus unser Heil ist. In ihm findet der Mensch Vergebung seiner Schuld. Jesus Christus macht den Menschen gerecht vor Gott und gibt ihm Anteil an seinem eigenen Leben. In Christus findet der Mensch Versöhnung und Frieden mit Gott und wird dadurch befreit zur Versöhnung und zum Frieden mit sich selbst und seinen Mitmenschen. Christi Gnade ermöglicht und fordert ein Leben in Gehorsam und Dankbarkeit.

2. Viele Menschen finden ihre Heilserwartung in dem vom christlichen Glauben angebotenen Heil weder verstanden noch erfüllt. Erlösung und Gnade, Rechtfertigung und Heiligung sind für sie „Leerformeln" ohne Bedeutung für das eigene Leben. Man sieht in ihnen den Ausdruck einer überwundenen Epoche, in der der Mensch sein Schicksal noch nicht selbst in die Hand nehmen konnte. Man fragt sogar, ob die christliche Verkündigung eines überirdischen Heils nicht die Hauptschuld an den Mißständen der Gesellschaft habe.

a) Ist das Heil, von dem der christliche Glaube spricht, das Heil, das die Menschen heute erwarten und nötig haben? Gibt die Verkündigung von Rechtfertigung und Heiligung heute eine Antwort auf die aktuellen Fragen des Menschen?

b) Ist das Heil in Christus das Heil des ganzen Menschen? Geht es nicht letztlich bloß um etwas rein Geistiges, Innerliches, Übernatürliches, das das konkrete Leben des Menschen in seiner gesamten Wirklichkeit zu wenig betrifft?

c) Hat die Überzeugung, daß in Christus das Heil geschenkt ist, die Menschen nicht zur Untätigkeit verführt und so daran gehindert, mit allen ihnen zur Verfügung stehenden Mitteln ihr Heil selbst zu wirken?

d) Hat der Glaube an Rechtfertigung und Heiligung die Aufmerksamkeit des Menschen nicht allzu sehr auf ein Jenseits gerichtet, so daß er diese Welt und ihr Heil darüber aus dem Auge verlor? Ist Heil nicht eigentlich Befreiung? Müssen nicht Emanzipationsbemühungen, die den Menschen aus seiner persönlichen und gesellschaftlichen Entfremdung befreien wollen, an die Stelle des Glaubens von der Rechtfertigung und Heiligung treten?

3. Alle diese Fragen sind Anfragen an unser christliches Zeugnis. Es gilt zu erkennen, daß in ihnen echte Heilserwartungen der Menschen zur Sprache kommen können. Die Kirche hat sich diesen Fragen zu stellen. In vielen Fällen ist es ein erster Dienst der Kirche, daß sie verengte Heilserwartungen und Ideologien aufbricht. Gerade die Verengung des Heilsverständnisses hat neues Unheil gestiftet und zu neuen Entfremdungen geführt. Gegen die Behauptung, alles Heil beschränke sich auf das Diesseits und gehe vom Menschen aus, hat die Kirche die Fülle des Heils zu bezeugen, die allein in Jesus Christus gefunden wird und die Grenzen unserer Welt überschreitet.

a) In vielen Situationen erfährt der Mensch seine Heillosigkeit: in Bedrängnis und Unfreiheit, in Einsamkeit und Angst, in Hunger und Not, in Krankheit, Schuld und Tod. Eben dieser Nöte hat sich Jesus Christus angenommen. Das Heil, das er schenkt, hat mit ihnen allen zu tun, auch wenn es weit darüber hinausgeht. Die Schrift bezeugt das unter anderem, wenn sie vom Heil als Leben, Freiheit, Freude und Frieden spricht. Der Herr zieht seine Heilsgabe nicht zurück; wer glaubt, hat das ewige Leben (Joh 6, 47).

b) Es ist das Besondere der christlichen Botschaft, daß sie Innerstes und Äußerstes zugleich umfaßt, daß es ihr um das Heil des ganzen Menschen in allen seinen Dimensionen geht. Wo Gott dem Menschen sein Heil schenkt, verwandelt er ihn zu einem „neuen Menschen".

c) Das von Christus in Rechtfertigung und Heiligung geschenkte Heil eröffnet dem Menschen neue Wirkmöglichkeiten. Es befreit ihn zum Dienst an den Menschen und zum Einsatz für eine bessere Welt. Es befähigt ihn, sich in Christus und mit Christus für das Heil der Menschen einzusetzen.

d) In dem Suchen nach Emanzipation und Befreiung steckt als Triebkraft die Sehnsucht des Menschen nach endgültiger Versöhnung und bleibendem Heil, nach einem letzten Sinn seines Lebens. Je radikaler die Bemühungen um Freiheit sind, desto eher stößt der Mensch an die

Grenzen des Machbaren. Er steht vor Fragen, auf die er aus eigener Kraft keine Antwort geben, und vor Zielen, die er aus sich nicht erreichen kann. Rechtfertigung und Heiligung in Christus schenken eine Freiheit, die weit über die Erwartungen und Bestrebungen des Menschen hinausgeht.

4. a) Die christliche Botschaft von Rechtfertigung und Heiligung wird verkürzt, wo man sich einseitig um das Seelenheil des Einzelnen bemüht und darüber den Menschen in seiner konkreten Welt aus dem Auge verliert.

b) Die christliche Botschaft von Rechtfertigung und Heiligung wird auch verkürzt, wo man alles Heil einseitig von neuen politischen und sozialen Strukturen erwartet, wo über der Gerechtigkeit unter den Menschen die Rechtfertigung vor Gott vergessen oder diese mit jener gleichgesetzt wird und wo die christliche Sendung in politischem Einsatz und sozialer Hilfe aufgeht.

Von der Kirche

1. Wir bekennen, daß unser Herr Jesus Christus in seiner Kirche leben und wirken will. In der Kraft des Heiligen Geistes schenkt er ihr in Wort und Sakrament seine Gnade, gibt und fordert den Glauben, ruft zur Nachfolge und befähigt und verpflichtet zum Gehorsam gegen Gott und zum Dienst an den Menschen.

2. Der Kirche und ihrem Zeugnis wird heute mit unterschiedlicher Begründung vielfältig widersprochen.

a) Die Trennung der Christenheit in einander widersprechende Gemeinschaften und Kirchen macht sie für viele unglaubwürdig.

b) Die Kirche wird als Interessenverband verstanden, dem es um Macht und Anspruch geht, wobei sie andere Motive vorgibt und Hoffnungen und Nöte der Menschen ausnutzt.

c) Viele sehen in der Kirche ein Machtinstrument der herrschenden Klassen, das überholte gesellschaftliche Strukturen stabilisiert und den Weg zur Befreiung des Menschen versperrt.

d) Statt der Dogmen soll die freie Vernunft, statt der Liturgie die Mitmenschlichkeit, statt der Sakramente die praktische Nächstenliebe und vor allem das Einstehen für die Unterdrückten gelten.

e) Viele fordern die demokratische Struktur für alle Gruppen der Gesellschaft und lehnen deshalb eine Kirche ab, die wegen ihrer „hierarchischen Struktur" undemokratisch erscheint.

f) Die theologischen Gegensätze in der Kirche, die Wirkungslosigkeit ihrer Gottesdienste und die mangelnde Aktivität der Gemeindeglieder sind für viele der Anlaß, sich von der Kirche zu trennen.

3. Ein Teil der Einwände stimmt mit kritischen Anfragen, die das Evangelium stellt, überein und gewinnt so seine Schärfe.

a) Die Zerrissenheit der Kirche ist gegen Gottes Willen. Auch wir empfinden die bestehenden Trennungen als Last und Ärgernis und sehen ihre Überwindung als unsere Aufgabe an. In dem Maße, wie wir uns dieser Aufgabe stellen, werden wir glaubwürdig und empfänglich für die volle Einheit, die allein der Herr gewähren kann.

b) Zu allen Zeiten hat die Kirche in der Versuchung gestanden, statt zu dienen herrschen zu wollen. Ernste Anfragen sollten deshalb für die Kirche Anlaß sein, sich um der Botschaft der Liebe Gottes in Christus willen immer wieder neu zu überprüfen. Im übrigen besteht Grund zur Dankbarkeit dafür, daß es zu keiner Zeit an Christen gefehlt hat, die die Liebe Gottes in Christus in Wort und Tat glaubwürdig bezeugt haben.

c) Zu allen Zeiten ist die Kirche der Verfolgung durch die Mächtigen ausgesetzt gewesen. Andererseits wurde sie von jeher versucht, sich auf deren Seite zu stellen. Es ist nicht unsere Aufgabe, darüber zu urteilen, wann und wo sie dieser Versuchung erlegen ist. Wir sollten vielmehr darüber nachdenken, wie wir dem Vorbild dessen folgen, der sich zu den Erniedrigten und Beleidigten gehalten hat und um ihretwillen wie um unsertwillen in den Tod ging.

d) Kirchliche Lehre, Gottesdienst und Nächstenliebe stehen nicht im Gegensatz zueinander. Nächstenliebe lebt aus der Liebe Gottes, die in der Lehre bezeugt und im Gottesdienst gefeiert wird. Lehre und Gottesdienst rufen unter die Herrschaft Christi und in die gehorsame Nachfolge.

e) Die Kirche weiß sich für ihre Gestalt und Ordnung an den Willen ihres Herrn gebunden. Es ist ihr nicht gestattet, ihre innere Ordnung vom Staat oder der Gesellschaft zu übernehmen, so gewiß sie offen sein muß für alle Anregungen, die ihrem Dienst förderlich sein können.

f) Weil Kirche immer menschliche Gemeinschaft ist und Menschen immer in Versuchung sind, über Gottes Geist selbstmächtig verfügen zu wollen, gibt es in ihr Gegensätze, Streit und Versagen. An diesem Schaden leidet der Christ, aber er verzagt nicht daran. Er traut der Zusage des Evangeliums, daß Gott den Irrtum erkennbar macht und die Wahrheit durchsetzt, daß er Streitende miteinander versöhnt und Schuldigen vergibt.

4. a) Wer Konfessionsgegebenheiten überspringen will und auf Einheit drängt, für die keine Glaubens- und Erkenntnisgrundlagen da sind, gefährdet die Arbeit für die Einheit der Kirche.

b) Wer im Bemühen um die Erfüllung gesellschaftlicher und sozialer Bedürfnisse das klare Zeugnis vom Ursprung und Ziel der christlichen Sendung vernachlässigt, verfehlt den Auftrag der Kirche.

c) Wer sich mit der Erhaltung überkommener Strukturen und Lebensformen begnügt, statt zu prüfen, ob und wie sie dem von Christus gebotenen Dienst in der jeweiligen geschichtlichen Situation entsprechen, beeinträchtigt das Wirken der Kirche.

Von der Hoffnung

1. Wir bekennen, daß Gott uns in Jesus Christus unermeßliche Hoffnung geschenkt hat. Sie erhellt unsere Gegenwart und eröffnet jedem einzelnen Menschen und der ganzen Welt eine Zukunft in Herrlichkeit. Unsere Hoffnung richtet sich auf die Wiederkunft Christi zum Gericht und zur Vollendung, auf die Auferstehung der Toten und die Fülle des Lebens mit Jesus Christus und der Gemeinschaft der Heiligen im Reiche Gottes des Vaters.

2. Die christliche Hoffnung trifft auf verschiedene Mißverständnisse und Einwände.

a) Für viele ist die christliche Hoffnung nur eine unter den vielen Formen, in denen menschliches Sehnen und Wünschen Ausdruck findet. Sie fragen, ob in ihr nicht nur der alte Traum von einem kommenden Goldenen Zeitalter weitergeträumt wird.

b) Andere sind der Meinung, in der christlichen Hoffnung drücke sich die Unzufriedenheit mit den bestehenden Zuständen und der Protest dagegen aus, ohne sich um Abhilfe zu bemühen. Heute dagegen gehe der Mensch daran, eine gerechtere, freiere und menschenwürdigere Welt zu schaffen. Dieser Einsatz verspreche die Erfüllung dessen, was sich an menschlichem Sehnen in den Bildern der christlichen Hoffnung niedergeschlagen hat. Er könne und solle deshalb an die Stelle der Hoffnung treten.

c) Die christliche Hoffnung wird für eine gefährliche Illusion gehalten, die um des Kommenden willen die Gegenwart vergessen läßt. Sie vertröstet die Menschen auf ein besseres Jenseits und läßt sie ihrer gegenwärtigen Not gegenüber gleichgültig werden. Sie verweist sie auf einen fernen Himmel statt auf die konkreten Verhältnisse der Erde. So führt sie zur Lähmung des menschlichen Bemühens um eine bessere Welt.

3. a) Gewiß ist die christliche Hoffnung mit dem menschlichen Sehnen und Wünschen verbunden. Dennoch ist sie ganz anders. Sie hat eine tiefere Grundlage und ein höheres Ziel. Sie gründet nicht im Menschen, sondern in den Taten und Verheißungen Gottes, der in dieser Welt in seiner Geschichte mit den Menschen seine Treue erwiesen hat. In Christi Auferstehung hat die Zukunft bereits begonnen. Sie eröffnet für Mensch und Welt eine neue Wirklichkeit. Christliche Hoffnung richtet sich nicht auf etwas unbestimmtes Zukünftiges, sondern auf den kommenden Herrn.

b) Die christliche Hoffnung schaut aus in eine Zukunft, die mehr ist als das Ergebnis menschlicher Planung und innerweltlicher Entwicklung. Sie fordert und fördert das Bemühen um eine Gesellschaft in Freiheit, Gerechtigkeit und Menschlichkeit, beschränkt sich aber nicht darauf. Unsere Hoffnung richtet sich über eine bestimmte gesellschaftliche, wirtschaftliche und politische Ordnung hinaus auf das Reich Gottes, das nicht gleichgesetzt werden kann mit irgendeinem Reich dieser Welt.

c) Die Hoffnung läßt uns um des Kommenden willen die Gegenwart überschreiten. Auferstehung und ewiges Leben sind verheißene Zukunft, aber sie wirken bereits in die Gegenwart hinein. Die Hoffnung auf Zukunft gibt der Gegenwart eine neue erhöhte Bedeutung. Sie verleiht die Kraft, die Gegenwart zu bestehen, und läßt den Menschen seine Verantwortung für die Gestaltung der Welt und die Zukunft der Menschheit erkennen. Sie drängt zum aktiven Einsatz für die Schaffung von Verhältnissen, in denen der Mensch menschenwürdig leben und sich entfalten kann. So wird die Hoffnung zum Impuls und zur Kraftquelle für unser Tun.

4. Der christliche Glaube muß sich absetzen von Verkürzungen und Verfälschungen der in Jesus Christus begründeten Hoffnung.

a) Der christlichen Hoffnung wird nicht gerecht, wer im Blick auf das Kommende die gegenwärtige Welt außer acht läßt.

b) Die christliche Hoffnung verfälscht, wer im Bemühen um die Gestaltung der Welt das kommende Reich Gottes aus dem Blick verliert.

c) Die christliche Hoffnung verschwimmt ins Unbestimmte und Leere, wenn man Wiederkunft Christi, Auferstehung der Toten und Vollendung der Welt als Bilder versteht, die lediglich deutlich machen, daß der Mensch sich voll Vertrauen Gott und seiner absoluten Zukunft in jedem Augenblick anheimgeben sollte.

Kirchen im gemeinsamen Handeln

Vorwort

Die im Jahre 1975 herausgegebene Schrift „Kirchen im Lehrgespräch" hat eine gute Aufnahme gefunden. Um den für die ökumenische Arbeit aufgeschlossenen Gläubigen beider Kirchen über die Darstellung der Gemeinsamkeiten und der Unterschiede in der Lehre hinaus auch eine Handreichung für die praktische Verwirklichung ökumenischen Miteinanders zu geben, haben wir eine Arbeitsgruppe beauftragt, die hier vorliegende Schrift „Kirchen im gemeinsamen Handeln" zu erstellen. Zu dieser Arbeitsgruppe gehörten von der Evangelischen Kirche von Westfalen Landeskirchenrat Dr. Martin Stiewe und Pfarrer Alexander Völker, vom Erzbistum Paderborn Generalvikar Bruno Kresing und Geistlicher Rat Dr. Aloys Klein, vom Bistum Münster Generalvikar Dr. Hermann Josef Spital und Propst Franz Wiesner.

Das gegenseitige Kennenlernen unserer Kirchen darf sich nicht auf Gespräche über Glaubensfragen beschränken. Neben den Unterschieden in der Lehre haben sich in den Jahrhunderten der Trennung auch tiefgreifende Unterschiede in den Lebensformen und Gebräuchen entwickelt. Auch hier bedarf es eines gegenseitigen Kennen- und Verstehenlernens unserer Gemeinden. Die vorliegende Schrift will Wege aufzeigen, welche solchem Kennenlernen dienen. Sie will darüber hinaus Anregungen für das gemeinsame Zeugnis unserer Gemeinden in der heutigen Welt geben. Sie greift die Grundfragen gemeinsamer Arbeit auf, informiert über bereits vorliegende Erfahrungen aus der Zusammenarbeit der letzten Jahre und Jahrzehnte und gibt Hinweise auf noch zu erschließende Möglichkeiten ökumenischen Miteinanders in unseren Gemeinden und Gemeindeverbänden. So greift sie das im Vorwort der Schrift „Kirchen im Lehrgespräch" formulierte Anliegen auf, wonach das Maß der Verbundenheit in der Lehre durch die Zusammenarbeit der Kirchen im Dienst an den Christen und an der ganzen Gesellschaft zum praktischen und wirksamen Ausdruck kommen soll. Möge dieses Buch Schritte auf dem Wege zur Einheit anregen und unterstützen!

Erzbischof Dr. Johannes Joachim Degenhardt
Bischof Heinrich Tenhumberg
Präses D. Hans Thimme

Teil I
Voraussetzungen ökumenischer Begegnung

1. Kapitel Worum es geht: Einheit

Die Zusammenarbeit der Kirchen verdeutlicht und vertieft bestehende Gemeinsamkeiten. Sie geht aus von den Übereinstimmungen, die in „Wege der Kirchen zueinander" (1973) und „Kirchen im Lehrgespräch" (1975) ausgesprochen worden sind. Die gemeinsame Arbeit auf den verschiedensten Gebieten faßt das gleiche Ziel ins Auge wie die Bemühung um gemeinsame Lehraussagen:

„Die Kirchen gehen davon aus, daß Gottes Wille auf die Einheit der Kirche gerichtet ist. Sie hat ihren Grund in Christus, unserem ewigen Heil. Die Einheit der Kirche ist Gabe und Aufgabe. Weil Christus die Kirche als die eine gestiftet hat, will er, daß diese Einheit sich in der Geschichte verwirklicht. Trennung der Kirche ist gegen Gottes Willen. Die Kirchen empfinden bestehende Trennungen als Last und Not und erkennen Gebet und Arbeit für die Einheit als ihre Aufgabe an" (Kirchen im Lehrgespräch).

Kirchen in gemeinsamer Arbeit können und wollen bestehende Lehrunterschiede nicht übersehen. Doch die Besinnung auf das, was uns in der Lehre gemeinsam ist, drängt auch zu gemeinsamer Praxis:

„Das Gespräch der Kirchen über die Lehre ist nur ein Teil der Aufgabe, die ihnen heute gemeinsam gestellt ist. Durch die Zusammenarbeit in ihrem Dienst an den Christen und an der ganzen Gesellschaft kommt das Maß der Verbundenheit in der Lehre zum praktischen und wirksamen Ausdruck. Diese Zusammenarbeit muß mehr und mehr vervollkommnet werden. Sie lehrt unsere Kirchen, einander besser kennenzulernen und höher zu achten und den Weg der Einheit der Christen zu bereiten" (Kirchen im Lehrgespräch).

Es geht nicht um Preisgabe, sondern um das „Einbringen des je Besonderen, das Gottes Geist den Kirchen auf dem Wege seiner Führung an geistlicher Einsicht hat zuteil werden lassen" (Wege der Kirchen zueinander).
Wir haben die Hoffnung, daß dieser Geist Gottes unsere Kirchen der Verwirklichung der Einheit auch über die Zusammenarbeit in der Pra-

xis näher bringt. Stärkere Profilierung und gegenseitige Annahme sind wichtige Schritte auf einem Weg, der in unserer Sicht nicht die Konversion der einen Kirche zur anderen, sondern die Einheit bei Fortbestand der geprägten, nicht kirchentrennenden konfessionellen Eigenart bringen soll. (Vgl. Bischof Heinrich Tenhumberg: Kirchliche Union bzw. korporative Wiedervereinigung, in: Kirche und Gemeinde, Festschrift für Präses D. Hans Thimme, 1974.) Das Ziel der Verwirklichung der vollen Einheit ist eine Herausforderung an unsere Kirchen und verlangt von uns auch im Blick auf die gemeinsame Arbeit Buße und Erneuerung.

2. Kapitel   Der Wahrheit verpflichtet

Es ist an dieser Stelle nicht notwendig, die Frage nach der Wahrheit ebenso umfassend und intensiv zu stellen, wie das in der Ausarbeitung „Kirchen im Lehrgespräch" geschieht. Im Hinblick auf den hier vorherrschenden pastoralen Akzent soll nur auf einige Schwerpunkte hingewiesen werden, die bei aller gemeinsamen Arbeit im Bewußtsein bleiben müssen.

1. Der Ökumenische Rat der Kirchen, dem auch die Evangelische Kirche von Westfalen angehört, verabschiedete auf der Weltkirchenkonferenz von New Delhi eine Verfassung, an deren Spitze die „Basisformel" steht:

„Der Ökumenische Rat der Kirchen ist eine Gemeinschaft von Kirchen, die den Herrn Jesus Christus gemäß der Heiligen Schrift als Gott und Heiland bekennen und darum gemeinsam zu erfüllen trachten, wozu sie berufen sind, zur Ehre Gottes des Vaters, des Sohnes und des Heiligen Geistes."

Die Gemeinsame Synode der katholischen Bistümer in der Bundesrepublik Deutschland hat erklärt:

„Die Einheit des Glaubens wurzelt in jener Wahrheit, die der Vater in Jesus Christus offenbar gemacht hat und die kraft seines Heiligen Geistes durch die Gemeinschaft der Kirche Gestalt gewinnt in jedem Leben, das von Glaube, Hoffnung und Liebe bestimmt ist. Wo Kirchen und kirchliche Gemeinschaften gemäß der Schrift Jesus Christus, wahren Gott und wahren Menschen, als einzigen Mittler des Heils zur

Ehre Gottes, des Vaters, des Sohnes und des Heiligen Geistes, bekennen, ist eine grundlegende Einheit im Glauben gegeben" (Beschluß: Pastorale Zusammenarbeit der Kirchen im Dienst an der Einheit).

Die fünfte Vollversammlung des Ökumenischen Rates der Kirchen in Nairobi bezeichnet das Ziel, auf das die noch getrennten Kirchen sich gemeinsam verpflichtet wissen:

„Durch das Wirken des Heiligen Geistes verkörpert sich das eine lebendige Wort, der Sohn Gottes, in der einen Kirche, dem einen Leib, dessen Haupt Christus ist, und dessen Glieder die sind, die den Vater in Wahrheit anbeten. Sie haben teil an dem, der gesagt hat: ‚Ich bin die Wahrheit.' Diese lebendige Wahrheit ist das Ziel, dem alle Kirchen auf ihrer Suche nach der Wahrheit zustreben."

In Verkündigung und Praxis unserer Gemeinden muß das Wissen um die grundlegende Einheit im Glauben lebendig bleiben. Die katholische und die evangelische Kirche haben die Heilige Schrift, die altkirchlichen Glaubensbekenntnisse und die Lehrentscheidungen der ersten vier allgemeinen Konzilien gemeinsam.
Man wird darauf hinweisen, daß alle deutschsprachigen Kirchen eine gemeinsame Übersetzung des Apostolischen und des Nizänischen Glaubensbekenntnisses besitzen. Das gilt, obwohl die reformatorischen Kirchen in Fortsetzung eines älteren Brauches die allen gemeinsamen Worte des lateinischen Textes „catholicam ecclesiam" mit „christliche Kirche" oder „allgemeine christliche Kirche" wiedergeben, während die römisch-katholische und die altkatholische Kirche an dieser Stelle sagen „katholische Kirche".
Beide Kirchen „bekennen die eine Taufe zur Vergebung der Sünden" und spenden sie auf gleiche Weise. Dem entspricht es, daß in den „Gemeinsamen kirchlichen Empfehlungen für die Ehevorbereitung konfessionsverschiedener Partner", die der Rat der Evangelischen Kirche Deutschlands und die katholische Bischofskonferenz 1974 herausgegeben haben, gesagt wird:

„Beide Kirchen stimmen darin überein, daß die in der anderen Kirche vollzogene Taufe gültig ist."

Wir alle beten das Vaterunser, und in vielen Liedern, die wir gemeinsam singen, zeigt sich die Gemeinsamkeit in der Überzeugung von den Grundtatsachen des christlichen Glaubens. Hinzu kommt, daß wir in der Liturgie des öfteren gleiche oder doch sehr ähnliche Texte verwenden: Wer die „Agende für die Evangelische Kirche der Union" und das „Meßbuch für die Bistümer des deutschen Sprachgebietes" miteinander vergleicht, wird neben wichtigen Unterschieden erstaunliche Übereinstimmungen feststellen. Ein Großteil der „Kollektengebete" (Agende) und „Tagesgebete" (Meßbuch) sind einander gleich oder doch sehr ähnlich.

2. Um der Wahrheit willen darf jedoch nicht verschwiegen werden, daß zwischen der evangelischen und der katholischen Kirche in Lehre und gottesdienstlicher Praxis noch schwerwiegende Unterschiede bestehen.
Die Gemeinsame Synode der katholischen Bistümer formuliert:

„Doch angesichts des gemeinsamen Bekenntnisses zu Jesus Christus, dem Herrn und Erlöser, stehen der vollen Einheit noch schwerwiegende trennende Unterschiede entgegen. Sie beziehen sich vor allem auf die Lehre über die Kirche, ihre Sakramente, ihre Vollmacht und ihre Dienstämter, sodann auf die Stellung Mariens im Heilswerk" (Beschluß: Pastorale Zusammenarbeit der Kirchen im Dienst an der christlichen Einheit).

Im Vorwort zu der Schrift „Kirchen im Lehrgespräch" wird darum gesagt:

„Die... gegenseitig gestellten Fragen der ‚fruchtbaren Kontroversen' ... versuchen..., den Punkt zu fixieren, an dem gegenwärtig die Annäherung unserer Kirchen vor der Notwendigkeit steht, Antworten zu finden und Klärung herbeizuführen. Deutlich ist allerdings auch, daß die Gegenseitigkeit der Fragen auf einen weiterführenden Dialog verweist, in dem es nicht nur um abschließende Entscheidungen, sondern auch darum geht, daß einer den anderen im Gespräch festhält, vor Grenzüberschreitungen bewahrt und eben dadurch dem anderen ein Gehilfe zur tieferen Erkenntnis der Wahrheit wird."

Gerade das Miteinander unserer Gemeinden in christlichem Bruderdienst und in öffentlichen Stellungnahmen und Aktionen soll immer neu Anlaß dazu geben, in diesem Sinne einander festzuhalten im Gespräch über den Glauben.
Die tiefgreifenden Unterschiede, die sich neben den aufgezeigten Gemeinsamkeiten in der gottesdienstlichen Praxis finden, beziehen sich einmal auf die je verschiedene Sicht der Eucharistie, zum ande-

ren werden gottesdienstliche Handlungen wie Konfirmation/Firmung, Beichte/Buße, Ordination/Priesterweihe, Trauung ebenfalls unterschiedlich vollzogen, weil sie in den beiden Kirchen nicht dieselbe Bedeutung haben. (Vgl. „Kirchen im Lehrgespräch".)
Diese in voneinander abweichenden Glaubensüberzeugungen begründeten Unterschiede dürfen um des Gewissens willen nicht verwischt werden. Unsere Gemeinden müssen einander bei allem Drängen nach kirchlicher Gemeinsamkeit und Einheit die Toleranz schenken, welche Grundlage jedes wirklichen Miteinanders unter Menschen ist. Dabei soll jeder Partner bemüht sein, dem anderen nichts abzuverlangen oder zuzumuten, das ihn in seiner Überzeugung oder in seinem Gewissen beschweren würde.

3. Beim Glaubensgespräch zwischen evangelischen und katholischen Christen ist es notwendig, die „Hierarchie der Wahrheiten" zu beachten. Das II. Vatikanische Konzil sagt darüber:

„Beim Vergleich der Lehren miteinander soll man nicht vergessen, daß es eine Rangordnung oder ‚Hierarchie' der Wahrheiten innerhalb der katholischen Lehre gibt, je nach der verschiedenen Art ihres Zusammenhangs mit dem Fundament des christlichen Glaubens..." (Dekret über den Ökumenismus).

Wer diese „Rangordnung" deutlich sieht, entgeht der Gefahr, sich in Kontroversen über Fragen zweiten und dritten Ranges zu verlieren, die nur von den zentralen Wahrheiten aus eine Beantwortung finden können.
Es kommt beim Gespräch zwischen Christen verschiedener Konfession darauf an, daß jeder über die jeweils andere Kirche hinreichend informiert ist. Dazu wird man die andere Kirche nach ihren eigenen Aussagen studieren müssen. Ferner ist es gut, sich durch Glieder der anderen Kirche über die gottesdienstliche Praxis und das Gemeindeleben unterrichten zu lassen. Schließlich kann es auch förderlich sein, hin und wieder am Gottesdienst der anderen Kirche teilzunehmen – etwa gelegentlich einer Taufe, Trauung oder Beerdigung oder über Rundfunk und Fernsehen. Der Christ wird dann auch leichter erkennen, was zum unaufgebbaren Grundbestand des konfessionellen Glaubenslebens gehört und was mehr besondere, geschichtlich gewachsene Ausprägung ist.
So kommt etwa der evangelische Christ zu der Erkenntnis, daß zwar

die Feier der Eucharistie im Mittelpunkt des katholischen Gottesdienstes steht, daß aber nicht jede der vielfältigen Formen der Verehrung des Altarssakramentes die gleiche Verbindlichkeit hat. Der Katholik wird von dem großen Ernst beeindruckt sein, mit dem evangelische Gemeinden ihren Gottesdienst feiern; er wird vieles ihm Gewohnte in Verkündigung, Gebet und Lied wiederfinden.
Ziel des Glaubensgespräches ist die gemeinsame Erkenntnis der Wahrheit; je mehr unsere Kirchen und Gemeinden Christus suchen und sich an Seinem Wort ausrichten, desto eher werden sie in der tiefer erkannten und gelebten Wahrheit zur Einheit finden.

3. Kapitel   Profilierung auf Jesus Christus hin als Weg zur Einheit

Zwischen unseren Gemeinden stehen nicht nur unterschiedliche theologische Auffassungen und Glaubenshaltungen. Ebensoviel und vielleicht noch mehr trennen uns unterschiedliche Lebensformen, gegenseitige Vorurteile und Mißverständnisse sowie falsch gedeutete Ausdrucksformen des jeweils anderen Partners. Ein Neben- und oft auch Gegeneinander von über 400 Jahren hat Gräben aufgeworfen, die nicht einfach übersprungen werden können, und Täler geschaffen, die ausgefüllt werden müssen. Dennoch glauben wir, daß die Entwicklung der vergangenen Jahrhunderte bei aller menschlichen Sündhaftigkeit und Schwäche in beiden Kirchen nicht ohne die Anleitung und das Wirken des Geistes Gottes gewesen ist. Deshalb begnügen wir uns nicht mit einer Übereinkunft auf dem kleinsten gemeinsamen Nenner. Es kann nicht um Einebnung der gewachsenen Verschiedenheiten gehen, sondern nur um deren Profilierung auf Jesus Christus hin.
Profilierung möchte die Transparenz aller gemeindlichen Lebensformen auf Jesus Christus und sein Evangelium hin erreichen. Umgekehrt möchte sie eine Durchlässigkeit herstellen für all das, was der Geist in den Gemeinden wirkt. So gesehen ist die Ökumene zunächst eine innergemeindliche Aufgabe jeder Kirche. Wir haben unser gemeindliches Leben in seiner Glaubensverkündigung und seinem Glaubensvollzug, in seinem Gottesdienst und seiner Diakonie darauf-

hin zu überprüfen, wie es der Botschaft des Neuen Testamentes entspricht. Da unsere Gemeinden, wenn auch nicht von der Welt, so aber doch in der Welt sind, da wir alle, wenngleich erlöst, so doch nicht frei von Sünde sind, müssen wir uns fragen, was an den Gebräuchen und Vollzügen unserer Gemeinden aus dem Evangelium kommt und was sich aus falschem Zeitgeist und schwächlicher Anpassung eingeschlichen hat. Nur in solchem Mühen um die Aufarbeitung und Reinigung der in jeder Kirche und Gemeinde gewachsenen christlichen Lebensformen kann es gelingen, das zugewachsene christliche Gut so für den anderen verständlich und akzeptabel zu machen, daß keiner der Partner etwas von seiner echten christlichen und geistgeschenkten Lebendigkeit aufgeben muß um des Zusammenkommens willen. Sonst würde man von neuem ungehorsam gegen den Geist und könnte darum nicht zur Einheit beitragen, die der Herr von uns will. Wenn jeder von uns mit ehrlicher Bußbereitschaft und aufrichtigem Veränderungswillen auf Christus zuzugehen versucht, muß der Weg unserer Gemeinden zueinander führen. Denn wir erwarten die Einheit nicht von unserer Planung und unserem menschlichen Machen her, sondern müssen sie uns vom Herrn schenken lassen.

Die so verstandene Profilierung stellt eine vierfache Aufgabe:

1. Wir müssen die je eigene Tradition verstehen lernen und den Geist, der ursprünglich in ihr angelegt ist, überall da wecken, wo sich rein äußerliche und schematische Vollzüge eingeschliffen und verfestigt haben. Nicht als ob gute Gewohnheiten abgewertet oder gar abgelehnt werden sollten; vielmehr gerade so, daß sie bejaht, aber gleichzeitig vor der Auszehrung bewahrt werden! Das Leben ist immer umfassender als unser verstandesmäßiges Durchschauen der Dinge; gleichwohl müssen unsere Gemeinden stets bemüht sein, zu verstehen, was sie tun; dazu bedürfen sie des ständigen Dienstes erklärender und erschließender Predigt. Vor dem Gespräch mit dem Partner eines anderen Bekenntnisses muß ein jeder das ihm Überkommene und Anvertraute akzeptieren und in seinem christlichen Gehalt für das eigene Leben erschließen. Nur wer das Eigene kennt und liebt, wird es dem Partner so erklären können, daß der Herr in unserer Mitte sichtbar wird. Von hierher wird deutlich, daß ökumenisches Handeln und ökumenische Gesinnung nicht Sache einiger Spezialisten bleiben darf, sondern zum Grundanliegen jedes Christen in unserer Zeit werden kann und muß.

2. Wir dürfen den Partner nicht von seinen Schwächen her sehen, sondern sollten zunächst auf das schauen, was uns in seinen Lebensformen auf den Herrn hin durchsichtig ist.
Von daher sollten wir unsere Gemeinden aufeinander aufmerksam und für das gemeinsame Sprechen und Tun fähig machen. Die Achtung voreinander und die gegenseitige Hochschätzung ermöglichen dann auch die offene Erörterung dessen, was Schwierigkeiten bereitet. Oft können wir vom jeweils Zentralen ausgehend zu dem mehr am Rande Liegenden fortschreiten, vom christlich und geistlich jeweils Lebendigsten zum vielleicht Erstarrten oder Überwucherten. In derartigem Miteinander steckt ein heilsamer Zwang auf das hin, was im Evangelium die Mitte ist. Freilich darf nicht übersehen werden, daß auch das Lebendigste verkümmert, wenn es kein Umfeld hat; Leben braucht Zeichnung und Farbe, braucht Straffheit und Vielfalt der Formen.

3. Wir müssen achten auf das, was dem Partner an unserem Leben ärgerniserregend vorkommt, und auf das, was uns an seinen Vollzügen fremd ist. In geduldigem Miteinander werden wir prüfen müssen, ob der jeweilige Anstoß in unserem Glauben an das Evangelium des Herrn begründet ist oder ob er nur menschlichen Vorlieben und persönlichen Geschmacksrichtungen entspringt. Hier bedarf es einer besonderen Unterscheidungsgabe und der Fähigkeit, aufeinander zu hören. Es ist große Sorgfalt geboten, damit keiner der Partner in falscher Anpassungsbereitschaft den Weg des geringsten Widerstandes geht und als vermeintlichen Ballast abwirft, was der Herr ihm anvertraut und als Gabe auch für den anderen mit auf den Weg gegeben hat. Die Geschichte lehrt uns, daß übereilte Vereinbarungen wohl zu neuen Spaltungen, aber gerade nicht zur Einheit in Christus geführt haben. Solche Erfahrungen machen zugleich deutlich, daß die obengenannte Aufgabe innerhalb der je eigenen Gemeinden unaufgebbare Voraussetzung für alles ökumenische Miteinander ist und bleibt; denn eine Einigung unter Spezialisten nützt gar nichts, wenn nicht gerade die am tiefsten in ihren Gemeinden verwurzelten Gläubigen mitgehen und folgen können.

4. Wir müssen emotionale Vorbehalte, die uns aus der geschichtlichen Entwicklung überkommen sind, annehmen und offen voreinander eingestehen. Erst dann wird es möglich sein, sie langsam aufzuarbeiten und zu überwinden. Hier bedarf es wirklicher Demut; denn in

manchen Punkten werden beide Seiten erkennen müssen, daß eine Kritik am Partner, die man im Evangelium begründet glaubte, einseitigen Voreinstellungen entsprungen ist. Doch ohne solche Änderungs- und Bußbereitschaft wird die uns gestellte Aufgabe nicht gelingen und die uns vom Herrn verheißene Einheit nicht geschenkt werden können.

4. Kapitel Das Amt zum Aufbau der Gemeinden

Jesus Christus hat seine Kirche als gegliederte Einheit gestiftet.

„Die Kirchen gehen davon aus, daß der Gläubige durch die Heilige Taufe in das allgemeine Priestertum hineingenommen ist; davon ist das besondere Amt zu unterscheiden, das von Christus gestiftet ist und von der Kirche einzelnen Gliedern übertragen wird. Aufgabe des Amtes ist es, die Botschaft von Jesus Christus unverfälscht zu bewahren und sie den Menschen aller Zeiten zu verkünden. An Christi Statt steht das Amt im Dienste des Wortes von der Versöhnung (2 Kor 5). Durch die Verkündigung des Wortes und die Spendung der Sakramente führt das Amt die Menschen zur Begegnung mit Gott und miteinander. Es ist ausgerichtet auf die Menschen zur Begegnung mit Gott und miteinander. Es ist ausgerichtet auf die Auferbauung der Gemeinde und auf das Heil der ganzen Welt. Darin hat es teil an der Sendung Jesu Christi; es hat den Auftrag, seine Herrschaft durch das Evangelium auszubreiten. Ihm ist verheißen, daß durch seinen Dienst alle Christen bereitet werden, sich Gott in Lobpreis und Anbetung zuzuwenden und seine versöhnende Liebe an alle Menschen weiterzugeben" (Kirchen im Lehrgespräch).

Es stellt sich die Frage: Was können unsere Gemeinden und ihre Amtsträger bei aller unterschiedlichen Ausprägung des Amtes miteinander tun auf dem Weg zur vom Herrn verheißenen Einheit?

1. Die Verkündigung des Wortes Gottes und die Spendung der Sakramente durch die Amtsträger geschehen vornehmlich in den ihnen anvertrauten Gemeinden. In dieser Verkündigung darf der Anspruch Jesu Christi an uns, die Einheit zu verwirklichen, nicht verschwiegen, sondern muß wachgehalten werden. Die schmerzliche Kluft zwischen dem Anspruch des Herrn und der Wirklichkeit seiner Gemeinden muß von allen Gläubigen lebendig empfunden werden. Der Konzeption einer solchen Verkündigung wollen sowohl die Schrift „Kirchen im

Lehrgespräch" als auch die vorliegende Ausarbeitung dienen. Es soll ein Beitrag geleistet werden, die offene Wunde bloßzulegen, Wege zu einer möglichen Heilung ins Auge zu fassen und zu geduldigem Fortschreiten auf diesen Wegen zu ermutigen im Wissen darum, daß die Einheit im letzten nur vom Heiligen Geist der Kirche geschenkt werden kann.

2. Glücklicherweise ist das Anliegen der Ökumene im Gottesvolk lebendig. Vielerorts haben sich spontan Gruppen evangelischer und katholischer Christen gebildet, um Ökumene zu verwirklichen. Solche Gruppenbildung soll von den Amtsträgern bejaht und inspiriert werden. Nur dann können solche Initiativen wirklich zur Auferbauung der Gemeinde und der Gläubigen dienen. In klugem und geduldigem Gespräch sollte die Konzeption des Aufeinanderzugehens unserer Kirchen bekannt und verständlich gemacht werden. Hier und da kann es darum gehen, diese Gruppen vor übereilten Aktionen zu warnen, die unerfüllbare Erwartungen wecken und dadurch nur unnötig Spannung erzeugen; gerade darum ist es aber notwendig, solchen Gläubigen und Gruppen Möglichkeiten und Aufgaben zur Verwirklichung und Konkretisierung ihres Wollens zur Ökumene zu erschließen. Im einzelnen wird dazu auf die Ausführungen im dritten Teil dieser Ausarbeitung hingewiesen.

3. Dem Amtsträger kommt die Aufgabe zu, die Herrschaft Christi durch das Evangelium auszubreiten und verderblichen Einflüssen zu wehren. In jeder Gemeinde gibt es Menschen, die die Verbindung mit Christus und der Kirche mehr oder weniger verloren haben. Sie müssen im Blick behalten werden. Darüber hinaus ist die ganze Gemeinde stets Fragen und Zweifeln, der Versuchung zur Gleichgültigkeit und zum Unglauben ausgesetzt.
Innerhalb der Gemeinde gibt es eine Vielzahl unterschiedlicher Menschen und Gruppen. Diese Unterschiedlichkeit ist Reichtum und Schwierigkeit zugleich. Dem Amtsträger kommt die Funktion zu, die Brücke zu schlagen, Begegnung zu ermöglichen und dadurch Kristallisationspunkt in der Gemeinde zu sein. Er hat zunächst zu vermitteln, so daß die Einzelnen in der Gemeinde umeinander wissen und im Blick auf Christus ihre jeweils eigene und ihre gemeinsame Aufgabe erkennen. Er hat einerseits jeden Gläubigen und jede Gruppe zu ermuntern, das ihnen geschenkte Charisma zu entfalten und einzubringen; andererseits hat er der immer gegenwärtigen Versuchung zu

wehren, die jeweils eigene Auffassung für alle maßgeblich machen zu wollen. Schließlich hat er auf Entwicklungen hinzuweisen, die Gefahren zu weiterer Spaltung in sich tragen.

4. Die Gemeinden sind an das Wort Gottes gewiesen. Nicht jede gängige Meinung der Öffentlichkeit entspricht dem Evangelium. Die Unterscheidung der Geister ist vielmehr schwieriger denn je. Im Wissen um diese Schwierigkeit muß die Bereitschaft um so größer sein, auf das Wort Gottes zu hören. Dabei geht es um den lebendigen Dialog getaufter Christen; zu einem guten Zusammenklang all der unterschiedlichen Stimmen ist aber der Dienst eines ,,Chorleiters" notwendig. Wer wirklich den Zusammenklang und damit die Einheit will, wird diesen Dienst gerne annehmen.

5. Jedem Gläubigen in der Kirche steht es frei, mit Gleichgesinnten in der Kirche zusammenzuarbeiten und Gruppen zu bilden. Die Bildung solcher Gruppen ist durchaus wünschenswert. Wenn sie den ihnen möglichen Beitrag in die Gemeinden einbringen wollen, so können sie nicht am Amtsträger vorbeigehen.
Kein Amtsträger hat das Recht, persönlichen Vorlieben für bestimmte Gruppierungen zum Nachteil anderer Raum zu geben; dementsprechend hat aber auch keine einzelne Gruppe das Recht, den Amtsträger für sich zu beanspruchen und sich selbst eine Führungsstellung in der Gemeinde anzumaßen. Jede gegliederte Vielfalt bedarf der Achtung von Zuständigkeiten, wenn anders sie nicht in Einzelinteressen zersplittern soll.

,,Die Kirchen stimmen darin überein, daß Gott die ganze Gemeinde zu seinem Dienst berufen hat. Jeder Christ ist Zeuge Jesu Christi. Dazu hat Gott ihn mit Gaben ausgerüstet. Das von Christus gestiftete Amt und die Glieder der Gemeinde sind zum Dienst aneinander gewiesen. Durch Wort und Sakrament wird die Gemeinde gesammelt, zum Dienst zugerüstet und unter die Herrschaft Christi geführt. Die Gemeinde trägt und stärkt das Amt durch den gemeinsamen Glauben. Amt und Gemeinde wissen sich füreinander verantwortlich" (Kirchen im Lehrgespräch).

6. Seit Jahren haben sich Zusammenkünfte der Seelsorger beider Kirchen auf Dekanats- und Kirchenkreisebene bewährt. Der Erfahrungsaustausch, die gegenseitige Information und Vereinbarungen über konkrete Aufgaben, welche sich beiden Kirchen stellen, schaffen

eine Atmosphäre des Vertrauens und fördern das Verständnis füreinander.
Es ist ein ökumenisch erfreuliches Zeichen, wenn bei der Priesterweihe oder der Ordination und bei Einführungen Pfarrer oder Gemeindemitglieder einer anderen Kirche zugegen sind; die Anwesenheit des Partners ist ein Zeichen der Verbundenheit. Ähnliches gilt bei den Einweihungen kirchlicher Gebäude.
In der Öffentlichkeit gibt es zahlreiche Anlässe, zu denen die Mitwirkung der Kirchen erbeten wird. Bei Einweihungen öffentlicher Gebäude, bei Schulentlassungsfeiern, Verbandsjubiläen u. a. sollten sich Pfarrer absprechen und wenn nötig gegenseitig vertreten.

5. Kapitel   Weckung des ökumenischen Bewußtseins

1. Wer das Gebet Jesu „auf daß sie alle eins seien, gleichwie du, Vater, in mir und ich in dir" (Joh 17, 21) ernst nimmt, muß die Spaltung der Kirche Christi als Zerrissenheit seines Leibes und als einen Skandal vor den Nichtglaubenden empfinden. Gleichwohl nehmen Öffentlichkeit und Gesellschaft diese Trennung hin, ja sie ist vielen Christen so selbstverständlich, daß ihnen die Unerträglichkeit dieses Zustandes nicht bewußt wird.
Immer wieder begegnet uns die Auffassung: die christlichen Kirchen haben sich im Laufe der Geschichte so weit auseinander entwickelt, daß ihre prinzipielle Uneinigkeit vorausgesetzt und ihre Trennung ohne Frage akzeptiert werden muß. Die Welt hat ihren Frieden mit der in unüberschaubar viele Konfessionen gespaltenen Kirche Christi gemacht, vielleicht darum, weil sie darin im Grunde nichts anderes als die eigene heillose Zerrissenheit widergespiegelt sieht. Kirchen und sonstige christliche Gemeinschaften haben sich zu einem schiedlich-friedlichen Nebeneinander bequemt, das womöglich noch theologisch gerechtfertigt wird.
Dieser Scheinfriede der Konfessionen muß in der Wahrheit und in der Liebe Christi durchbrochen werden. Wir haben uns auf die in dem einen Herrn vorgegebene Einheit zu besinnen und müssen um seinen Geist, der Erneuerung und Einheit schenken kann, bitten. Dabei ist es uns verwehrt, das Unheil der Trennung durch die Bildung einer neuen Kirche überkonfessionellen Charakters aus der Welt zu schaffen; das gilt besonders darum, weil eine solche Kirche nur als rein geistiges

und abstraktes Gebilde vorgestellt werden könnte. Eine solche Lösung liefe dem konkreten Wirken des Geistes in der Geschichte zuwider, der Menschen neu zusammenführt, aber auch Geister scheidet.

2. Gerade dem, der in seiner Kirche engagiert und verpflichtet lebt, bleibt die Unruhe über die Unzulänglichkeit der eigenen Kirche nicht erspart. Denn durch diese Unzulänglichkeit sind die Spaltungen der Christenheit mitverursacht. Oft kommt es zu einem Leiden an der Kirche. Dieses Leiden kann vielerlei Gestalt haben: Ärgernis über die Entstellungen des Evangeliums, Leiden an Amtsträgern, Kirchengliedern und Gemeinden, persönliche Enttäuschungen.

Die Begegnung von Christen verschiedener Kirchen bringt bei allem Erfreulichen zusätzliche Unruhe mit sich, und diese Unruhe wird anhalten, solange sich Christen unterschiedlicher Bekenntnisse begegnen. Im Sinne dessen, was im dritten Kapitel mit „Profilierung auf Jesus Christus hin" bezeichnet wurde, werden Christen in die Lage versetzt werden müssen, die Überlieferung der eigenen Kirche wie auch den Partner in seiner Andersartigkeit zu verstehen und zu akzeptieren. Ungleich häufiger aber werden zum Beispiel katholische und evangelische Christen im täglichen Leben mit der Frage nach gemeinsamer oder unterschiedlicher Stellungnahme zu Glaubens- oder Lebensproblemen konfrontiert werden: die in der Öffentlichkeit verhandelten großen politischen und sozialen Probleme, aktuelle Anlässe, auch der Bereich beruflicher Arbeit, der Schule, erst recht Ehe und Familie bieten dazu viele Gelegenheiten. So steht z. B. in den Problemen der Kindererziehung, der Berufsausbildung, der Menschenwürdigkeit von Arbeitsbedingungen, der Welthandelspolitik jeweils ein Stück des von den Kirchen repräsentierten christlichen Bekenntnisses in Frage.

3. In vielen Fällen ist ein gemeinsames Zeugnis von Christen, die verschiedenen Bekenntnissen angehören, möglich; gemeinsames Antworten aber setzt ökumenisches Bewußtsein voraus, das heißt die Bereitschaft, die eigene wie die andere Kirche in ihrer jeweiligen geschichtlichen und lehrmäßigen Gestalt zu akzeptieren. Gott kann auch die zerstrittensten Kirchen für sein Werk an den Menschen heute gebrauchen. Sein Geist ist am Werk auch in voneinander geschiedenen Kirchen, auch in manchem, das nicht vollwertig zu sein scheint (vgl. Offb 3, 2).

Ökumenisches Bewußtsein erweist und bewährt sich vor allem im geduldigen Abbau von Mißverständnissen und Vorurteilen, die die Tragweite der Kirchenspaltung verharmlosen oder auch ein gemeinsames Zeugnis der christlichen Wahrheit durch die Kirchen abweisen wollen: ökumenische Bemühungen seien im Grunde nur eine Angelegenheit rechthaberischer und zänkischer Theologen, die die einfache Lehre Jesu verrieten; die Kirchenspaltung sei wesentlich durch die weltliche Politik und die Machtansprüche der Kirchen in ihrer Geschichte zustandegekommen; das Ziel der Einheit sei angesichts der verwirrenden Vielfalt an Weltanschauungen und Glaubensüberlieferungen ohnehin utopisch und anderes mehr.

Ökumenisches Bewußtsein wird sich um sachliche Information bemühen, die über Lehre und Leben der Kirchen Auskunft gibt; hier können Schriften und Bücher der Wissensvermittlung dienen (F. Krenzer, *Morgen wird man wieder glauben*. Eine katholische Glaubensinformation, Limburg [9]1976; *Arbeitsbuch* zu: Morgen wird man wieder glauben. Hrsg. von F. Krenzer u. a., Limburg 1976; H. Tenhumberg, *Brücken*. Hilfen zum Glaubensgespräch, I Kevelaer 1974, II Kevelaer 1976; *Neues Glaubensbuch*. Der gemeinsame christliche Glaube. Hrsg. von J. Feiner und L. Vischer, Freiburg-Basel-Wien-Zürich 1973; *Evangelischer Erwachsenenkatechismus*. Kursbuch des Glaubens. Hrsg. von W. Jentsch u. a., Gütersloh [3]1977; *Information über den Glauben*. Hrsg. von der Projektgruppe Glaubensinformation in Zusammenarbeit mit Professor Helmut Thielicke, 1974. Mappe mit 16 Briefen; *Glaube konkret*. Katechismusbriefe. Hrsg. von Landesbischof D. Dr. Johannes Hanselmann und Werner Jentsch, 1976).

Die beste Sachinformation allein kann nicht genügen; hilfreiche Antworten kann nur geben, wer in einer der Kirchen wirklich lebt und diese Kirche liebt. Einen konfessionsneutralen, vermeintlich objektiven Standpunkt außerhalb der vorhandenen Konfessionen einzunehmen, ist allen Beteiligten verwehrt; wir alle sind vom Unglück der Spaltung und von der Verheißung der Einheit betroffen.

4. Um des einen Herrn und des Heils für alle Menschen willen darf die bisherige ökumenische Bemühung nicht rückgängig gemacht werden, dürfen Gemeinsamkeiten nicht aufgegeben werden, müssen katholische und evangelische Christen immer wieder zueinander finden. Entschieden stärker als bisher muß ökumenisches Bewußtsein im Gottesdienst und im Gemeindeleben aller getrennten Kirchen gepflegt werden. Dabei ist es nötig, vorhandene Fehlvorstellungen von-

einander korrigieren zu lassen, dem Partner Gelegenheit zu Begegnung und Aussprache zu geben, im Vertrauen auf den Herrn die Atmosphäre der Ängstlichkeit zu überwinden, in der selbst Christen voreinander leben. Das Einzelgespräch von Mensch zu Mensch gewinnt hierbei große Bedeutung, aber auch das Gespräch und die Unterrichtung in den Gemeinden. Gemeinden, die zu regelmäßiger Fürbittegemeinschaft gefunden haben, bezeugen schon ein Stück geschenkter und erfahrener Gemeinschaft und Einheit in Christus über die Grenzen der Trennung hinweg.

Teil II
Bewährte Kooperationen

6. Kapitel Bericht über die Arbeit der Kommissionen aufgrund der Vereinbarung von 1972

Nach verschiedenen, mehr informellen Treffen, vorbereitet von einer „Ökumenischen Landeskommission", gaben die Präsides und Bischöfe des Landes Nordrhein-Westfalen ihrer Zusammenarbeit einen festen Rahmen. Sie schlossen folgende Vereinbarung:

Gemeinsame Erklärung der Diözesen und Landeskirchen in Nordrhein-Westfalen
Die Evangelische Kirche im Rheinland
die Evangelische Kirche von Westfalen
die Lippische Landeskirche
das Erzbistum Köln
das Erzbistum Paderborn
das Bistum Aachen
das Bistum Essen
das Bistum Münster
bekunden ihre Bereitschaft, kirchliche Einrichtungen im Sozial- und Bildungswesen in freier Trägerschaft fortzuführen und weiterzuentwickeln. Sie leisten diesen vom Evangelium aufgetragenen Dienst für das Wohl des Einzelnen und des Ganzen.
Die Diözesen und Landeskirchen sind der Auffassung, daß kirchliche Einrichtungen des Sozial- und Bildungswesens in ihrer konfessionellen Prägung einen unverzichtbaren Bestandteil der im freiheitlichen Rechtsstaat organisierten und plural entfalteten Gesellschaft darstellen. Sie gehen davon aus, daß die von freien Trägern geprägten Einrichtungen gleichberechtigt neben den entsprechenden Einrichtungen des Staates und der kommunalen Körperschaften stehen. Im Hinblick auf das Recht des einzelnen, Sozial- und Bildungseinrichtungen seiner Wahl in Anspruch zu nehmen, lehnen sie eine Monopolstellung sowohl öffentlicher als auch privater Träger entschieden ab und treten für ein partnerschaftliches Zusammenwirken zwischen Staat, Gemeinden und freien Trägern ein.

Unter Wahrung der Bindungen bestehender oder künftiger Einrichtungen an eine bestimmte Kirche oder kirchliche Gruppe vereinbaren die Landeskirchen und Diözesen:
- sich über ihren Dienst im sozialen und kulturellen Bereich regelmäßig zu unterrichten,
- ihre Planungen im Sinne einer möglichst großen Effizienz miteinander abzustimmen,
- unter Berücksichtigung lokaler oder regionaler Gegebenheiten zusammenzuwirken,
- in ihren Einrichtungen die religiöse Betreuung von Angehörigen der anderen Konfession in vollem Umfang zu ermöglichen,
- sich um Einvernehmen in der Wahrung der kirchlichen Belange im Vollzug ihres sozialen und kulturellen Dienstes sowie in der Erfüllung ihres seelsorglichen Auftrages zu bemühen und
- bei der Information der Öffentlichkeit zusammenzuarbeiten.

Die Diözesen und Landeskirchen werden für das konkrete Zusammenwirken kirchlicher Stellen und Gruppen sachverständige Gremien beauftragen, im Sinne dieser Vereinbarung Entscheidungsunterlagen zu erarbeiten, die der Billigung durch die zuständigen Kirchenleitungen bedürfen und von ihnen in Kraft gesetzt werden.

Für die Evangelische Kirche im Rheinland
Präses Lic. Immer

Für die Evangelische Kirche von Westfalen
Präses D. Thimme

Für die Lippische Landeskirche
Kirchenrat Stolz

Für das Erzbistum Köln
Erzbischof Kardinal Höffner

Für das Erzbistum Paderborn
Erzbischof Kardinal Jäger

Für das Bistum Aachen
Bischof Dr. Pohlschneider

Für das Bistum Essen
Bischof Dr. Hengsbach

Für das Bistum Münster
Bischof H. Tenhumberg Düsseldorf, den 6. Juni 1972

1. Die Präsides und Bischöfe im Lande Nordrhein-Westfalen kommen etwa zwei- bis dreimal jährlich zusammen. Die Federführung für diese „Bischöfe-Präsides-Konferenz" haben das evangelische und das katholische Büro in Düsseldorf. Dort werden die Kommissionssitzungen vorbereitet, es werden Vorschläge für die Tagesordnung gemacht und die jeweiligen Protokolle angefertigt.
Für die ständige Zusammenarbeit wurden fünf Kommissionen gebildet: für Schulfragen, Hochschulfragen, Erwachsenenbildung, Diakonie und Caritas sowie Presse und Öffentlichkeit. Eine Kommission für Jugendfragen ist mit den entsprechenden Stellen der kirchlichen Jugendarbeit in Vorbereitung. Die einzelnen Kommissionen beobachten das Geschehen auf dem ihnen zugewiesenen Sachbereich und berichten der Bischöfe-Präsides-Konferenz, sie bereiten gegebenenfalls Stellungnahmen oder Entscheidungen vor.
Durch die Einrichtung dieser fünf Kommissionen sind Stellen geschaffen worden, die bei aufkommenden Sachproblemen in den einzelnen Bereichen angegangen werden können. Für die Regelung vieler Angelegenheiten innerhalb der Landeskirchen bzw. Bistümer wie auch für Stellungnahmen gegenüber der Landesregierung ist durch die Einrichtung der Bischöfe-Präsides-Konferenz eine Gesprächsebene geschaffen worden, die sich bewährt hat.
Um einen Einblick in die Arbeit der Kommissionen bzw. der Bischöfe-Präsides-Konferenz zu geben, sollen im folgenden beispielhaft einige Sachfragen genannt werden, die bearbeitet worden sind.
In der Schulkommission wurde eine Stellungnahme zu den „Richtlinien für die politische Bildung in den Schulen" erarbeitet. Ferner legte die Kommission eine Studie über das Problem der vorschulischen Erziehung vor, die von den Bischöfen und Präsides offiziell der Regierung des Landes Nordrhein-Westfalen zugeleitet wurde. Daneben wurden Fragen der Lehrerfortbildung, des Schulstrukturgesetzes und besonders auch Fragen des Religionsunterrichtes regelmäßig besprochen. In der Kommission fand auch ein Gedankenaustausch über Fragen statt, die unmittelbar in das Schulleben eingreifen, so über die Auswirkung der Fünftagewoche, über die Probleme der Schülermitverwaltung in Schulen in freier Trägerschaft und über die Situation des Religionsunterrichts.
In der Hochschulkommission wurde – neben allgemeinen Fragen der Hochschulpolitik – das Problem der theologischen Fakultäten bzw. Fachbereiche an den Universitäten und Gesamthochschulen erörtert. Durch die Umstrukturierung der Universitäten sind hier Fragen ent-

standen, die erheblichen Einfluß haben auf die Ausbildungssituation sowohl der Volltheologen als auch der künftigen Religionslehrer in den verschiedenen Schularten.

Die Kommission Diakonie und Caritas setzt sich sowohl aus den Vertretern der Landeskirchenämter und der Ordinariate als auch aus den Vertretern des Caritasverbandes und des Diakonischen Werkes zusammen. Diese Kommission ergänzt die zwischen den Wohlfahrtsverbänden seit langem bestehende Zusammenarbeit. Neben vielen einzelnen Sachfragen ist die Grundfrage erörtert worden, welche Rolle den freien Trägern sozialer Einrichtungen gegenüber den kommunalen und staatlichen Einrichtungen, aber auch gegenüber dem Lenkungsanspruch des Staates zugemessen wird. Von dieser Grundfrage sind alle Teilbereiche der Sozialpolitik berührt. Besonders intensiv war die Beschäftigung mit dem Krankenhausgesetz des Landes Nordrhein-Westfalen. Nicht zuletzt durch die Gespräche in dieser Kommission kam es zu gemeinsamen Stellungnahmen gegenüber dem Staat, die zwischen den Kirchen und den freien Wohlfahrtsverbänden sorgfältig abgestimmt waren.

Die Kommission Erwachsenenbildung begleitete kritisch die Erarbeitung des Weiterbildungsgesetzes des Landes Nordrhein-Westfalen und war bemüht, die Gesichtspunkte kirchlicher Bildungsarbeit einzubringen. Es gelang beispielsweise, in das Gesetz den Begriff der „personenbezogenen Bildung" einzuführen, der wichtige Bereiche kirchlicher Bildungsarbeit umgreift. Auch künftig wird die Zusammenarbeit auf diesem Gebiet notwendig sein, da für die Erwachsenenbildung die Kooperation und Koordinierung der verschiedenen Aktivitäten – auch im lokalen Bereich – gesetzlich vorgeschrieben ist.

Die Arbeit der Kommission Presse und Öffentlichkeit ist bis in die Gemeinden hinein spürbar gewesen. Außer einem allgemeinen Erfahrungsaustausch über das Problem der Öffentlichkeitsarbeit hat die Kommission das gemeinsame Informationsblatt beider Kirchen erarbeitet, das unter dem Titel „KI" (Kirchen informieren) breit gestreut worden ist. Zweimal kam dieses Blatt als Zeitungsbeilage in die Haushalte.

Zur Zeit arbeitet die Kommission an einem „Kleinlexikon kirchlicher Begriffe", das besonders für Journalisten bestimmt ist. Es soll denen, die kirchliche Informationen vermitteln müssen, Hilfe geben, damit sie die verschiedenen Begriffe, Einrichtungen und Organe kirchlicher Arbeit besser verstehen. Von Wichtigkeit war auch die Beschäftigung dieser Kommission mit den überregionalen, den Kirchen verbundenen Wochenblättern. Hier wurde u. a. mit den Redaktionen die Frage diskutiert, wie der ökumenische Gedanke behandelt und wie die jeweils andere Kirche dargestellt wird.

2. Schon vor Entstehen der „Bischöfe-Präsides-Konferenz" wurde die „Ökumenische Landeskommission Nordrhein-Westfalen" konstituiert (November 1968). Diese Kommission sollte zuständig sein für die Fragen, die für die evangelische und katholische Seite in Nordrhein-Westfalen von gemeinsamem kirchlichen Interesse sind. Als beratendes Organ sollte sie den zuständigen Präsides und Bischöfen dienen. Sie setzte sich von Anfang an zusammen aus je fünf evangelischen und katholischen Mitgliedern (Vertretern der Landeskirchen und Bistümer), zusätzlich je einem Sprecher der evangelischen und katholischen Seite (Leitung und Geschäftsführung) sowie einem Schriftführer. Nach Errichtung der Bischöfe-Präsides-Konferenz wurde die ursprüngliche Aufgabenstellung der Kommission präzisiert. Ihr wurde aufgetragen:

- theologisch-pastorale Fragen zu erörtern;
- die ökumenischen Aktivitäten innerhalb und außerhalb des Landes zu beobachten;
- auftretende Kontroversen oder Konflikte zu erörtern und Lösungsvorschläge zu erarbeiten;
- jeweils anfallende Aufträge der Konferenz der Bischöfe und Präsides zu bearbeiten;
- Entscheidungsvorlagen für die Konferenz der Bischöfe und Präsides zu erstellen.

Im Hinblick auf ihre Zusammensetzung wurde die Bezeichnung der „Ökumenischen Landeskommission" 1974 umgewandelt in „Ökumene/Catholica-Referentenkonferenz". Im Laufe der Jahre beriet die Konferenz eine Vielzahl gemeinsamer oder zwischenkirchlicher Probleme. Das Spektrum der Beratungsgegenstände war so mannigfaltig wie das ökumenische Leben in unserem Lande. Wichtige Vorgänge in den Landeskirchen oder Bistümern wurden diskutiert und kommentiert, ebenso gemeinsame Problemfelder. Im einzelnen seien erwähnt: Die EKD-Handreichung für evangelisch-katholische Begegnungen; Fragen der Pastoral an Ehe und Familie, die Veränderungen im katholischen Eherecht, die Situation des schulischen Religionsunterrichts

und des öffentlichen Bildungswesens, hochschulpolitische Vorgänge, ökumenische Zusammenarbeit in Neubaugebieten, kirchliches Bauen unter ökumenischem Aspekt, Förderung der lokalen Arbeitsgemeinschaften christlicher Kirchen.
Die Arbeit der Ökumene/Catholica-Referentenkonferenz wird bestimmt durch ihre enge Zuordnung zu der Bischöfe-Präsides-Konferenz NRW. Sie hat sich bewährt als ein Gremium von kirchenoffiziellen Vertretern für einen offenen Informationsaustausch und unvorbelasteten Dialog über Fragen grundsätzlicher oder praktischer Art.

3. Neben dieser regelmäßigen Zusammenarbeit auf der Ebene des Landes Nordrhein-Westfalen hat es auch gemeinsame Schritte der Kirchen aus aktuellem Anlaß gegeben. Im Jahre 1975 fand ein Gespräch zwischen den leitenden Mitarbeitern der Landeskirchen bzw. Bistümer und den Regierungspräsidenten sowie ihren Dezernenten statt. Auch Vertreter der Landschaftsverbände nahmen an dieser Besprechung teil. Es wurden neben einem allgemeinen Erfahrungsaustausch in einzelnen Arbeitsgemeinschaften anstehende Sachfragen zwischen den jeweiligen Dezernenten erörtert. Allgemein wurde dieser Kontakt zwischen staatlichen und kirchlichen Stellen außerordentlich begrüßt und zur Wiederholung empfohlen.
Die Evangelische Kirche von Westfalen und das Bistum Münster veranstalteten am 4. und 5. Oktober 1974 eine Akademietagung für Politiker und Experten der Raumordnung und der Landesentwicklungsplanung. Auch das Erzbistum Paderborn und das Bistum Essen waren beteiligt. An dieser Tagung nahmen Politiker und leitende Kommunalbeamte teil, um über die Landesentwicklungsplanung und die Raumplanung zu berichten. Es wurde insbesondere auf die wirtschaftliche und kulturelle Gefährdung des ländlichen Raumes aufmerksam gemacht. Das Ergebnis dieser Tagung liegt in einer von der Evangelischen Kirche von Westfalen und dem Bistum Münster gemeinsam herausgegebenen Schrift „Die Zukunft des ländlichen Raumes in Politik und Planung, Ziele – Zielkonflikte – Realisierung" der Öffentlichkeit vor.
Anläßlich des 25jährigen Bestehens des Grundgesetzes der Bundesrepublik Deutschland luden die Evangelische Kirche von Westfalen, das Erzbistum Paderborn und das Bistum Münster Politiker in das Franz-Hitze-Haus nach Münster ein. In diesem Gespräch wurde die Bedeutung des Grundgesetzes für das staatliche Leben in der Bundesrepublik diskutiert. Im Zusammenhang mit der Grundsatzdiskus-

sion kamen auch Fragen des Bildungssystems, die Richtlinien für den politischen Unterricht, Probleme der Reform des § 218 und der Schutz von Menschenleben im Straßenverkehr zur Sprache.

4. Seit mehreren Jahren treffen sich die Kirchenleitungen der Evangelischen Kirche von Westfalen und des Bistums Münster sowie parallel auch die Kirchenleitungen der Evangelischen Kirche von Westfalen und des Erzbistums Paderborn zu einem Gedankenaustausch etwa zweimal im Jahr. Die Tagesordnung umfaßt jeweils anstehende Fragen. Ohne der zukünftigen Entwicklung vorgreifen zu wollen, kann man sagen, daß auf der Ebene des Landes Nordrhein-Westfalen sowie zwischen den Kirchen der einzelnen Landesteile ständige Kontakte gewährleistet sind.

7. Kapitel   Die Arbeitsgemeinschaft christlicher Kirchen

1. Mit dem Ziel, die ökumenische Arbeit in Westfalen regional und lokal zu fördern, wurde 1968 die „Arbeitsgemeinschaft christlicher Kirchen und Gemeinden in Westfalen" gegründet. Sie hatte bereits eine zweijährige Vorgeschichte. Die Anregung zur Gründung ist hervorgegangen aus der Arbeit des Ökumenischen Ausschusses der Evangelischen Kirche von Westfalen, der seinerseits Impulse dazu durch die regionalen Studientage der Ökumenischen Centrale (Frankfurt) empfangen hatte. Als im Januar 1966 auf Einladung des Präses der Evangelischen Kirche von Westfalen sieben nichtkatholische Kirchen und kirchliche Gemeinschaften aus Westfalen sich in Dortmund versammelten, wurde der Wunsch nach Wiederholung und Fortsetzung einer solchen Zusammenkunft geäußert. Bei zwei weiteren ähnlichen Konferenzen in den Jahren 1967 und 1968 reifte der Entschluß, die „Arbeitsgemeinschaft" zu konstituieren. Im Januar 1969 wurde ein vorläufiger geschäftsführender Ausschuß gebildet. An dieser Zusammenkunft nahmen zum erstenmal auch zwei offizielle Vertreter des Erzbistums Paderborn als Gastdelegierte teil. Als publizistisches Organ des neuen Gremiums stellte der Ökumenische Ausschuß der Evangelischen Kirche von Westfalen seinen Informationsdienst „Ökumenische Mitteilungen" zur Verfügung. Ab Januar 1970 wurde diese Zeitschrift von der Arbeitsgemeinschaft herausgegeben.
Die Teilnehmer der ökumenischen Regionaltagung Anfang 1972 in

Schwerte empfahlen die Erweiterung der westfälischen Arbeitsgemeinschaft zu einer „Arbeitsgemeinschaft christlicher Kirchen, Gemeinden und Gemeinschaften in Nordrhein-Westfalen". Zur Begründung verwiesen sie u. a. auf die Notwendigkeit, zwischen der Arbeitsgemeinschaft christlicher Kirchen in Deutschland und den Aktivitäten der lokalen Gemeinden eine vermittelnde Instanz zu schaffen, die ebenso eine Kontaktstelle für die verschiedenen örtlichen Arbeitsgemeinschaften und die ökumenischen Gruppen im Lande sein solle. Die Empfehlung fiel bei allen Kirchen und kirchlichen Gemeinschaften auf fruchtbaren Boden. Am 12. September 1972 konnte die „Arbeitsgemeinschaft christlicher Kirchen" in Dortmund konstituiert werden. Heute sind rund 20 christliche Denominationen offiziell in diesem Gremium durch Delegierte vertreten.

2. Für einen kontinuierlichen Fortschritt ökumenischer Prozesse scheinen institutionalisierte Organe trotz aller Unzulänglichkeiten heute unumgänglich. Den Vorbehalten gegenüber der „kirchenamtlich verwalteten Ökumene" gilt es, die zweifellos beachtliche Fruchtbarkeit solcher offizieller Gremien entgegenzustellen. Die „Arbeitsgemeinschaften" können sich als vorzügliche Werkzeuge für die ökumenische Zusammenarbeit erweisen, insofern sie Zeugnis von der schon zwischen den Kirchen bestehenden Einheit geben und auf das beständige Wachstum der Einheit hinzielen. Durch ihren provisorischen Charakter verweisen sie auf das „Unterwegssein" und bringen doch bereits von ferne die Konziliarität und Katholizität der Kirche Christi zum Ausdruck. Die Bilanz der Arbeit der nordrhein-westfälischen Arbeitsgemeinschaft zeigt, daß das Bemühen um Kooperation, Koordination und Information im Vordergrund stand. Unter bewußtem Verzicht auf ein ausformuliertes Langzeitprogramm wurden aktuelle Fragestellungen theologischer, pastoraler oder praktischer Art behandelt. So standen zwischen- und innerkirchliche Probleme sowie allgemeinchristliche Belange zur Diskussion und Beratung an. Im einzelnen: Die Arbeitsgemeinschaft erarbeitete gemäß der Einladung des Ausschusses für Glauben und Kirchenverfassung des Weltrates der Kirchen (ÖRK) zum Studienprojekt „Rechenschaft über die Hoffnung, die in uns ist" (August 1972) eine eigene Erklärung und versuchte damit, einen gemeinsamen Ausdruck des Glaubens zu finden.
Aus der Sicht der verschiedenen „Konfessionsfamilien" wurden die Schriften von Bischof H. Tenhumberg und Präses H. Thimme „Wege der Kirchen zueinander" und „Kirchen im Lehrgespräch" in mehreren

Referaten behandelt. Das Gemeinsame und Trennende in den Glaubensaussagen stand zur Diskussion. In Erinnerung an das erste ökumenische Konzil zu Nizäa vor 1650 Jahren besannen sich die Mitglieder der Arbeitsgemeinschaft auf die fundamentale Bedeutung dieses Konzils für die Kirche von heute. Zur theologischen Diskussion stand schließlich auch der ökumenische Beitrag von Bischof Tenhumberg „Kirchliche Union bzw. korporative Wiedervereinigung".
Da die Arbeitsgemeinschaft sich als ein ökumenisches Gremium auf regionaler Ebene versteht, hat sie in besonderer Weise dem Austausch und der Vermittlung zwischen der „Ökumene am Ort" und der nationalen und weltweiten Ökumene zu dienen und umgekehrt. Durch die Mitgestaltung der jährlich stattfindenden ökumenischen Regionalkonferenzen bieten sich vielfältige Möglichkeiten an, für die örtlichen christlichen Gemeinden konkrete Hilfen und Wegweisungen zu geben. Andererseits kann sie laufend ihren Beitrag in die größere und umfassendere ökumenische Bewegung auf den je höheren Ebenen einbringen. Ob es sich um die gegenseitige Bereicherung im Bereich der Frömmigkeit und des liturgischen Lebens der Kirchen handelt oder um eine Empfehlung zur Gründung weiterer lokaler Arbeitsgemeinschaften christlicher Kirchen; ob man sich um die Vorbereitung und Rezeption der Vollversammlungen des Ökumenischen Rates der Kirchen bemüht oder um Beteiligung an den Aktivitäten der nationalen Arbeitsgemeinschaft und der Ökumenischen Centrale in Frankfurt – immer wieder hat sich das regionale Gremium als Umschlagplatz für die unterschiedlichen ökumenischen Aufgaben zu bewähren.
Die Berichte in den „Ökumenischen Mitteilungen", die inzwischen in fast alle Pfarrämter der Kirchen in Nordrhein-Westfalen gelangen, dokumentieren, wie vielgestaltig und hoffnungsvoll das ökumenische Engagement in unserem Lande ist. Außer dem theologischen Dialog und der Glaubenslehre geht es um Fragen der ökumenischen Praxis. Neben den Anliegen christlicher Gemeinschaft im begrenzten Horizont örtlicher Bemühungen stehen die ökumenischen Herausforderungen im weltweiten Kontext. Für die Zukunft wird die Fruchtbarkeit dieser inzwischen bewährten Arbeitsgemeinschaft daran gemessen werden, ob sie bereit und fähig ist:
– getreu das wiederzugeben, was an Einheit schon besteht;
– jenes größere Maß an Einheit zu fördern, auf das wir zugehen;
– uns instandzusetzen, unserer gemeinsamen Sendung in der Welt nachzukommen.

8. Kapitel   Die gemeinsame Sozialarbeit der Kirchen

1. Die Katholische und Evangelische Kirche im Ruhrgebiet und der Bergbau gründeten 1950 die ,,Gemeinsame Sozialarbeit der Konfessionen im Bergbau", kurz GSA genannt. Erklärtes Ziel dieser Arbeit ist es, auf der Grundlage des christlichen Menschenbildes die Notwendigkeit zur Zusammenarbeit im Betrieb aufzuzeigen und das Zusammenwirken konkret zu verbessern. Die GSA will zum Verständnis gesellschaftlicher Abhängigkeit beitragen.
In jeder Gesellschaft entstehen Konflikte. Sie sollen nicht unterdrückt, sondern offen und sachlich ausgetragen werden. In kirchlichen Tagungshäusern bietet die GSA den Mitarbeitern aller Bereiche und Ebenen die Möglichkeit, in gemeinsamen Gesprächen Konflikte anzusprechen, unterschiedliche Standpunkte darzustellen und Änderungsvorschläge zu erarbeiten. Gleichzeitig sollen die Tagungen dazu anregen, in Mitarbeitergesprächen im Betrieb auftretende Probleme gemeinsam zu lösen.
Häufige Konfliktpunkte sind: Der Mensch im Spannungsfeld von Technik, Organisation und Wirtschaftlichkeit. Festhalten an herkömmlichen Denk- und Verhaltensstrukturen – Mängel im Informationswesen – Zusammenarbeit mit fremdsprachigen Mitarbeitern – Gruppenarbeit – Arbeitsplatzgestaltung – Vergütung bei betrieblichen Störungen – Zunahme des Krankenbestandes und der Fluktuation der Arbeitnehmer – Probleme des älteren Mitarbeiters – Selbstverständnis der mittleren und leitenden Angestellten in Betrieb und Gesellschaft. Der kirchliche Beitrag liegt in dem Bemühen, die Beziehungen der Menschen im Betrieb unter dem Gesichtspunkt der menschlichen und funktionalen Notwendigkeiten zu gestalten.

,,Wir führen diese Arbeit weiter, weil wir glauben, . . . daß der Betrieb nicht nur als System rein technischer und organisatorischer Größen, sondern als ein soziales System gesehen werden muß, in dem Individuen und Gruppen mit unterschiedlichen Interessen zusammenarbeiten. Der Betrieb ist eine Arbeitseinheit von Menschen, in dem auch persönliche Berufs- und Lebensziele verfolgt werden" (Dr. K. H. Bund, Vorstandsvorsitzender der Ruhrkohle AG).

2. Träger der GSA sind der Bergbau auf der einen und die Kirchen (Evangelische Kirche im Rheinland und Evangelische Kirche von Westfalen und die Bistümer Essen und Paderborn) auf der anderen

Seite. Die Grundsätze der GSA werden im Koordinierungsausschuß von den Vertretern der einzelnen Träger festgelegt. Die Erstellung der Konzeption für die praktische Tagungsarbeit geschieht im „Arbeitsausschuß Steinkohle", der aus Vertretern der Bergwerksgesellschaften, der Gewerkschaft, der Betriebsräte und der kirchlichen Tagungsstätten besteht. Die Tagungen werden von einer gemeinsamen Geschäftsstelle organisiert und in vier Tagungshäusern durchgeführt.

3. Die Gemeinsame Sozialarbeit der Konfessionen im Bergbau führt zur Zeit sieben verschiedene Tagungsreihen durch, die man in drei Gruppen einordnen kann:

a) Die Tagungsreihe „Grundfragen der Zusammenarbeit im Betrieb" soll einen Erfahrungs- und Informationsaustausch zwischen Vertretern verschiedener Funktionen und Regionen des Bergbaus ermöglichen. Die einzelnen Tagungen werden jeweils getrennt für Mitarbeiter unter Tage, über Tage, der Kokereien und der Verwaltungen durchgeführt.

b) Bestimmte Personengruppen werden in Seminaren angesprochen:
— leitende Angestellte der Betriebe,
— GSA-Führungskräfte,
— fremdsprachige Mitarbeiter,
— junge Menschen im Betrieb.

c) Mitarbeiter einer Werksdirektion werden zu betriebsbezogenen Tagungen eingeladen.

4. Die guten Erfolge, die während der zwanzigjährigen Sozialarbeit im Bergbau gezeigt wurden, regten dazu an, im Jahr 1970 Kontakte zur Adam Opel AG in Bochum aufzunehmen und Seminare nach dem Muster „GSA im Bergbau" für die Mitarbeiter dieses Industriezweiges durchzuführen. Nach anfänglichen Schwierigkeiten hat sich die Gemeinsame Sozialarbeit der Konfessionen bei der Firma Opel Bochum gut eingeführt.

Teil III
Handreichungen
für ökumenische Zusammenarbeit

9. Kapitel   Taufe und Tauffrömmigkeit

1. Die heilige Taufe ist allen christlichen Kirchen gemeinsam. Sie ist das Fundament der Gemeinschaft unter allen Christen und das Zeugnis für die Einheit des Leibes Jesu Christi.

„Durch ihre eine Taufe werden Christen in die Gemeinschaft mit Christus und untereinander und in das Leben der universalen Kirche wie auch der Gemeinschaft der Ortskirche gebracht. Unsere gemeinsame Taufe, die uns im Kontext des Glaubens mit Christus vereint, ist somit ein grundlegendes Band der Einheit, das uns dazu aufruft, als ein Volk den einen Herrn an jedem Ort und in der ganzen Welt zu bekennen und ihm zu dienen. Unsere Taufgemeinschaft in Jesus Christus ist daher ein Ruf an die Kirchen, ihre Trennungen zu überwinden und volle sichtbare Einheit zu erlangen" (Erklärung der Kommission für Glauben und Kirchenverfassung zur Taufe, Accra 1974).

Entsprechend heißt es in der Erklärung der Gemeinsamen Synode der Bistümer in der Bundesrepublik Deutschland:

„Die auf den Namen des dreifaltigen Gottes gespendete Taufe und die damit gegebene Eingliederung in die eine Kirche Christi bildet die Grundlage für eine gemeinsame Sorge und Verantwortung der christlichen Kirchen und Gemeinschaften um die getauften Christen" (Beschluß: Pastorale Zusammenarbeit der Kirchen im Dienst an der christlichen Einheit).

2. Durch die Taufe wird der Mensch Glied einer konkreten Kirche. Darum heißt es in der Erklärung der Gemeinsamen Synode, daß „Bestrebungen, die Taufe von der Zuordnung zu einer bestimmten Konfession zu lösen, aus theologischen und pastoralen Gründen nicht zu rechtfertigen" sind.
Deshalb sind sogenannte „Ökumenische Taufen", die von Pfarrern beider Kirchen gemeinsam vorgenommen werden sollen, unzulässig. Aus seelsorglichen Gründen kann im Einzelfall der Pfarrer der ande-

ren Kirche bei der Taufe eines Kindes aus einer konfessionsverschiedenen Ehe anwesend sein. Es darf jedoch nicht der Eindruck einer gemeinsamen liturgischen Handlung entstehen.

3. Einem sogenannten „Ökumenischen Patenamt" können wir nicht das Wort reden. Dazu stellte die Westfälische Landessynode 1975 fest:

„Die unter Anrufung des dreieinigen Gottes und Begießung mit Wasser vollzogene Taufe wird von der evangelischen und der katholischen Kirche in gleicher Weise anerkannt. Die Taufe besitzt für die Lebensvollzüge der Kirche grundlegende Bedeutung. Sie gliedert in die konkrete Lebensgestaltung von Konfessionskirchen ein. Man kann gegenwärtig also nur Pate in seiner Kirche sein. Taufzeugen werden allerdings gegenseitig zugelassen und können im Taufregister eingetragen werden. Sie gewinnen angesichts konfessionsverschiedener Ehen zunehmend an Bedeutung. Der Taufzeuge macht der Gemeinde einerseits die notvolle Spaltung der Kirche deutlich, andererseits ist er – angesichts der gemeinsam geglaubten Taufe – ein Zeichen der Hoffnung auf die Überwindung der Spaltung. Es sollte auf die Möglichkeit hingewiesen werden, daß neben den Paten auch Taufzeugen benannt werden können."

Auch wenn der Taufzeuge nicht für die Unterweisung im Sinne der taufenden Kirche in Pflicht genommen werden kann, so vermag er doch eine Mitverantwortung für die christliche Erziehung des Kindes zu übernehmen. Es ist eine neue und besondere Aufgabe von Paten und Taufzeugen, dem heranwachsenden Kind dazu zu verhelfen, auch dem Glauben der Familienmitglieder Achtung entgegenzubringen, die nicht seiner Kirche angehören.

4. Gelegentlich wird im Notfall von einem Pfarrer oder Gemeindeglied getauft, ohne daß durch die Person des Taufenden die Kirchenzugehörigkeit des Täuflings bestimmt wird. Eine solche Taufe gilt für die Kirche, der das Kind nach Entscheidung der Eltern angehören soll. Von dieser Taufe wird dem zuständigen Pfarramt dieser Kirche Mitteilung gemacht, damit dort eine Eintragung in das Taufregister erfolgen kann. Später kann im Gottesdienst der betreffenden Gemeinde nach den Ordnungen der jeweiligen Kirche die Bestätigung der Taufe geschehen und Fürbitte für das Kind gehalten werden.
Die Taufe ist nicht nur aufs engste mit dem Gemeindeleben und dem Gottesdienst der Kirche verbunden, sondern grundlegend für das

christliche Leben des Einzelnen. Sie verlangt eine persönliche Antwort auf Gottes Verheißung. Der Verbindlichkeitscharakter der Taufe ist vielen Menschen nicht mehr ausreichend bewußt. Angesichts des allgemeinen Säkularisierungsprozesses und der Kirchenentfremdung stehen beide Kirchen vor der Aufgabe, Taufverantwortung und Tauffrömmigkeit neu zu wecken. Darum muß die Bedeutung der Taufe im Gemeindeaufbau, in der Erziehung, in der Seelsorge und in der Bildungsarbeit stets neu bewußt gemacht werden.

5. Im Leben der Gemeinden und des einzelnen Christen gibt es viele Möglichkeiten, Taufbewußtsein und Tauffrömmigkeit zu wecken und zu vertiefen:
Im Unterricht der Kommunionkinder, der Firmlinge und der Konfirmanden ergibt sich ein Gespräch über die Taufe von selbst. Für die Weckung und Vertiefung eines lebendigen Taufbewußtseins ist diese Unterweisung im Zusammenhang mit der Hinführung zu den Sakramenten bzw. zur Konfirmation dringend notwendig.
Die Kommunionkinder sollen in der Taufe das Sakrament ihrer Wiedergeburt kennenlernen, das die Voraussetzung für die Teilnahme an der Eucharistie ist.
Da nach katholischer Lehre die Firmung Vollendung der Taufe ist, weist dieses Sakrament eindringlich auf die Taufe hin. Der Bischof fordert darum die Firmlinge dazu auf, vor der Gemeinde ihren Glauben zu bekennen, wie es bei ihrer Taufe die Eltern und die Paten getan haben.
In der evangelischen Kirche fordert der Pfarrer die Konfirmanden unter Hinweis auf ihre Taufe dazu auf, ihren Glauben zu bekennen:

„Liebe Konfirmanden! Ihr seid auf den Namen des Dreieinigen Gottes getauft. Ihr seid nach dem Bekenntnis unserer Kirche im Worte Gottes und im rechten Verständnis der Sakramente unterwiesen und habt vor der Gemeinde Rechenschaft davon abgelegt. Ihr sollt nun zum heiligen Abendmahl zugelassen werden. So tut, was eure Eltern und Paten bei der Taufe an eurer Statt getan haben, und bekennt mit der Gemeinde unseren christlichen Glauben."

6. Seit der Erneuerung der Osterliturgie in der katholischen Kirche sollen in der Osternacht nach Möglichkeit Kinder oder Erwachsene getauft werden. Auch wenn sich nicht immer Gelegenheit ergibt, erinnern die Segnung des Taufwassers, die Erneuerung des Taufversprechens und die Besprengung der Gemeinde mit dem gesegneten Was-

ser alle an ihre Taufe. Auf diese Weise soll die Tauffrömmigkeit stets lebendig erhalten und vertieft werden.

Nach der österlichen Zeit wird in vielen Gemeinden die Osterkerze neben das Taufbecken gestellt. Darin wird die Zusammengehörigkeit des Ostergeschehens mit der Taufe sichtbar gemacht. Das in der Taufe neu geschenkte Leben entspringt dem Tod und der Auferstehung des Herrn.

In manchen Familien wird die Taufkerze aufbewahrt und jeweils am Namenstag oder Geburtstag des Kindes angezündet. Dieser Brauch verdient als Tauferinnerung Förderung und Belebung. Auch die am Sterbebett angezündete Kerze vergegenwärtigt die Taufkerze, da in der Taufe des Christen die Hoffnung auf die Auferstehung begründet ist.

In manchen evangelischen Gemeinden wird ebenfalls seit einer Reihe von Jahren die Osternacht gefeiert und darin das „Taufgedächtnis" vollzogen, wenn möglich mit der Taufe neuer Christen verbunden.

7. Über all das hinaus sollte der Prediger häufiger von der Taufe und dem Getauftsein sprechen, vor allem dann, wenn die vorgegebenen Texte der Schriftlesung es ohnehin nahelegen. Das ist zum Beispiel nach der in der evangelischen Kirche geltenden Perikopenordnung am 6. Sonntag nach Trinitatis der Fall.

Die neue Taufordnung der katholischen Kirche empfiehlt dem Pfarrer, wenigstens einmal im Jahr das Sakrament der Taufe im Angesicht der ganzen Gemeinde zu spenden.

8. Der Gebrauch des Weihwassers in der katholischen Kirche – früher oft einseitig als Bitte um Reinigung von Sünden verstanden – hat wieder mehr die Funktion der Tauferinnerung bekommen. So wird bei der Beerdigung der Sarg bzw. der Tote mit Weihwasser besprengt und dabei gesagt: „Im Wasser und im Heiligen Geist wurdest du getauft. Der Herr vollende an dir, was er in der Taufe begonnen hat."

Die Kirchen und Gemeinden sollten ihre Erfahrungen austauschen, die sie bei dem Bemühen gemacht haben, Tauffrömmigkeit und Taufverantwortung neu zu beleben. Ein solcher Austausch könnte für die Gemeinden und so auch für das Leben ihrer Glieder fruchtbar sein.

10. Kapitel Ehe und Familie

1. Damit Ehe gelingt, ist das Gespräch der Ehepartner miteinander von entscheidender Bedeutung. Bricht das Gespräch ab, bricht die Ehe auseinander. Das gleiche gilt für das religiöse Leben in einer Familie. Soll religiöses Leben bleiben und wachsen, muß zwischen den Ehepartnern über Glaubensfragen gesprochen werden, müssen fruchtbare Auseinandersetzungen erfolgen.

Konkrete Möglichkeiten für das religiöse Gespräch in Ehe und Familie:
- gemeinsames Lesen von bestimmten Büchern, Aufsätzen und Sprechen darüber,
- Hören bzw. Sehen von Rundfunk- und Fernsehsendungen und Sprechen darüber,
- vor der Ehe eine Auseinandersetzung über die jeweiligen Vorstellungen des Partners zur Glaubenspraxis und zum Eheverständnis,
- Vorbereitung des Hochzeitstages: Wie soll unser Hochzeitsgottesdienst aussehen? Wie gestalten wir ihn?,
- Einstellungen zur und Deutung der eigenen Geschlechtlichkeit und der geschlechtlichen Begegnung aus der Verantwortung des Glaubens,
- gemeinsames Beten zu bestimmten Tageszeiten. Dabei sowohl die Chance wahrnehmen, das (bei konfessionsverschiedenen Ehen beider Kirchen) gemeinsame Gebetsgut aufzugreifen, wie auch freie Gebetsformulierungen einzuüben,
- gemeinsame Schriftlesung und Deutung aus der eigenen Situation,
- gemeinsames Gespräch über Ereignisse des eigenen Lebens: Können diese Ereignisse aus dem Glauben gedeutet werden?

Gläubig gelebten Ehen ist es gemeinsam, daß sie Zeichen der unwiderruflichen Treue Christi und Zeugnis seiner Liebe sind. Die Partner einer konfessionsverschiedenen Ehe sind als Getaufte Glieder ihrer Kirche. Denn ein wesentlicher Aspekt der Taufe ist die Eingliederung in das Volk Gottes und damit in eine konkrete Kirche und eine ihrer Gemeinden. Vor ihrer Eheschließung haben sich die Eheleute zu einer Trauung in der evangelischen oder katholischen Kirche – vielleicht unter Beteiligung der Pfarrer beider Kirchen, wo das aus besonderen Umständen angezeigt ist – entschlossen und haben in gemeinsamer Überlegung und Bemühung erklärt, in welcher Konfession die Kinder erzogen werden sollen.

2. Die Familie ist fast immer das Glaubensschicksal des Kindes. Glauben ist Geschenk, das man in der Gemeinschaft empfängt, in der Gemeinschaft wachsen läßt und das in der Gemeinschaft zur Wirkung kommt. Die Eltern bekennen sich bei der Taufe vor der Gemeinde zu der Verpflichtung zur Weitergabe des Glaubens an ihre Kinder. Ihre eigene Gläubigkeit schafft die Atmosphäre, in der ein Christ für das Leben heranwachsen kann. Es ist von entscheidender Bedeutung, daß eine von der Liebe geprägte Gemeinschaft und eine Atmosphäre von Vertrauen, Geborgenheit und Fürsorge entstehen, die auf das Angenommensein durch Gott und seine Treue hinweisen.

Als konkrete Möglichkeiten zur Intensivierung eines christlichen Lebens in der Familie wären zu nennen:
— Gespräche der Eltern über die Erziehung der Kinder: Auf welche Weise wollen wir unsere Kinder gläubig erziehen? Hier ist die Bedeutung der Taufgespräche besonders zu bedenken!
— Glaubensgespräche und Beten mit den Kindern (der Altersstufe entsprechend).
— Besuch des Gottesdienstes: Verspürt das Kind eine Beheimatung der Eltern in der Kirche (Gemeinde), zu der es gehört?
— Mit den Kindern zusammen Feste feiern (gestalten, singen, malen, sprechen, beten, Ausflüge machen . . .).
— Das Kind bei der weiteren Eingliederung in die Kirche begleiten. Gelegenheit dazu bietet für evangelische Christen besonders die Vorbereitung zur Konfirmation und bei katholischen Christen die Mitarbeit bei der Sakramentenvorbereitung.

3. Beide Kirchen stimmen darin überein, daß die in der anderen Kirche vollzogene Taufe gültig ist. Sie lehnen eine Taufe, die von Geistlichen beider Kirchen gespendet wird, als theologisch nicht vertretbar und daher nicht zulässig ab. Die Taufe wird von dem Pfarrer der Kirche vollzogen, der das Kind nach dem Willen der Eltern angehören soll.
Es ist nicht zu übersehen, daß mit der Entscheidung zur evangelischen oder katholischen Taufe die Entscheidung für ein wesentlich evangelisch oder katholisch geprägtes Familienklima gefällt wird.
Ein Anliegen christlich gelebter Ehe und Familie bleibt es, echte Formen des Brauchtums als Äußerungen des christlichen Lebens gemeinsam zu pflegen und zu fördern. Das kommt zum Ausdruck u. a. in Bildern und religiösen Symbolen in der Wohnung und in Feiern der

Familie. In konfessionsverschiedenen Ehen sollte man Formen finden, die für beide Partner annehmbar sind.

Konkrete Möglichkeiten gemeinsamen Tuns und Erlebens:
- Wochenend- und Sonntagsgestaltung:
Wird das Wochenende zu gemeinsamen Unternehmungen genutzt, bei denen – durch Ausflüge, Besichtigung – „Welt" und „Sinn des Lebens" entdeckt werden? Wo gehen wir zum Gottesdienst, in welchen Kirchen? Bieten Liturgie und Predigt Grundlage für ein Gespräch der Ehepartner und der Kinder?
- Gemeinsames Gestalten:
Musizieren, Basteln, Malen; Gestalten der Wohnung: Welche Bilder hängen wir in die Wohnung? Welche religiöse Zeichen?
- Freizeit und Urlaub:
Besuch von kulturellen Veranstaltungen (Theater, Konzerte...) kann Anlaß zum tieferen Gespräch sein. Entdecken neuer oder fremder Kulturen und Lebensweisen – dokumentiert z. B. in Bauwerken – kann zur Auseinandersetzung mit dem eigenen Leben führen.
- Festvorbereitung und Festgestaltung:
Geprägte Zeiten des Kirchenjahres (Advent, Weihnachten, Passionszeit, Ostern, Pfingsten, Ewigkeitssonntag, Allerheiligen, Allerseelen) wie auch Festtage einer Person bzw. der eigenen Familie (Geburts-, Namens-, Hochzeitstage) können Anlaß dafür sein, „mit Stil" vorbereitet und gestaltet zu werden. Hier kann gefeiert und ausgedrückt werden, was das eigene Leben trägt, worauf sich eigenes Leben gründet.
- Aufgreifen von Brauchtum aus der eigenen Familie; Neuentdecken von alten Bräuchen.

4. Menschen können ihr Christsein nicht auf sich allein gestellt verwirklichen, sondern sie brauchen zur Stützung, Anregung, Bindung und zum Austausch eine konkrete Gemeinde. Trifft dies für jeden – katholischen oder evangelischen – Christen zu, dann stärker noch für die Menschen, die in ihrem intimsten und wichtigsten Lebensbereich mit einem Partner anderer Kirchenzugehörigkeit zusammenleben. Hieraus ergeben sich Konsequenzen und Möglichkeiten:

Kontinuierliche Kontakte zur eigenen Gemeinde über
- Teilnahme an Gottesdiensten,

- Glaubensgespräche und Bildungsveranstaltungen,
- Besuche bei Geistlichen und von Geistlichen,
- Übernahme von Aufgaben in der Gemeinde (u. a. im caritativen Bereich),
- Einführung der Kinder in die Gemeinde,
- Teilnahme an Gesprächs- und Aktionsgruppen; Gemeinde wird oft am intensivsten erfahren in kleineren überschaubaren Gruppen. Hier liegt die Chance etwa von Familien- oder Ehepaargruppen.

Die engere Verbindung mit einer Gemeinde, die durch die Konfessionszugehörigkeit der Kinder bestimmt ist, widerspricht nicht der Forderung, daß das religiöse Leben in Ehe und Familie immer Sache beider Eltern ist und daß auch der Ehegatte der anderen Konfession an der religiösen Gestaltung des Ehe- und Familienlebens mitwirken muß. Das kann vor allem dadurch geschehen, daß er seinen eigenen Glauben beispielhaft lebt und damit die Aufgeschlossenheit des Ehepartners und der Kinder für die Eigenart der Kirche fördert, der sie selbst nicht angehören.

5. Das familiäre Zusammenleben in einer konfessionsverschiedenen Ehe bringt eine Reihe von Problemen mit sich. Es ist gemeinsame Überzeugung der Kirchen, daß der Glaube das ganze Leben der Christen bestimmen soll, daß die Feier des Gottesdienstes und das Leben im Alltag zusammengehören. Ausgangspunkt für das religiöse Leben der Familie ist die in der Taufe für alle grundgelegte „Christusförmigkeit".
Zunächst kommt hier der Heiligung des Sonntags und dem täglichen gemeinsamen Gebet besondere Bedeutung zu. Wie für jede christliche Familie gilt auch für die konfessionsverschiedene Familie, daß der Besuch des Gottesdienstes unabdingbar ist. Selbst wenn man nicht gemeinsam zum Gottesdienst gehen kann, so verbindet doch die Tatsache des gottesdienstlichen Feierns. Die Erfahrungen in Ehen, in denen ein Partner gar nicht zum Gottesdienst geht, bestätigen das.
Fragen werfen auch die unterschiedlichen Feiertage und das religiöse Brauchtum auf. Das Kreuzzeichen ist in katholischen Familien beim Gebet üblich. Die Hausandachten, wie sie vor allem in der evangelischen Kirche lebendig geblieben sind, die vielfachen Formen gemeinsam zu besuchender Gottesdienste wie ökumenische Vespergottesdienste, Wort- und Bußandachten, Meditationen, Kreuzweg

und Wallfahrten, kirchenmusikalische Feierstunden, Kurzandachten, Bibelkreise bieten eine vielfache Möglichkeit, das gemeinsame christliche Leben in der evangelischen und katholischen Kirche auszudrücken und zu vertiefen.

Da sich Christsein nicht nur „privat" in der eigenen Ehe und Familie, ebenso nicht nur in der Gemeinde realisiert, ist es notwendig, auch in anderen Lebensbereichen – vor allem in Beruf und in der Freizeit – Möglichkeiten zum Christsein zu entdecken und wahrzunehmen. Sowohl über menschliche Kontakte wie über das Tun selbst und über die Art des Tuns kann ein Austausch und ein Nachdenken zur Tiefe hin angeregt werden.

Alltägliche Kontakte, Gespräche und Tätigkeiten können mehr als nur Vordergründiges auftauchen und die Frage nach dem „Warum und Wohin?" aufbrechen lassen.

6. Bei den Möglichkeiten gemeinsamen Tuns darf nicht übersehen werden, daß in konfessionsverschiedenen Ehen der Trend zur Säkularisierung und Entkonfessionalisierung besonders ausgeprägt ist. Die Statistik der letzten Jahre zeigt, daß Kinder aus konfessionsverschiedenen Ehen nicht in der gleichen Häufigkeit die Heilige Taufe empfangen, wie es bei Kindern aus evangelischen oder katholischen Ehen der Fall ist.

Beide Kirchen sind bemüht, konkrete pastorale Hilfen für christliches Leben in den konfessionsverschiedenen Ehen zu geben. Hierzu sind bereits von verschiedenen Stellen oder Gremien schriftliche Handreichungen gegeben worden. An der Tatsache der Einheit der Ehe sollte sich das Streben nach der Einheit des christlichen Glaubens orientiert wissen. Die konfessionsverschiedenen Paare möchten aus dem Verhalten ihrer Kirche und der Kirchen zueinander erfahren, daß das miteinander Verbindende mehr und größer ist als das voneinander Trennende.

11. Kapitel Gemeinde und Gottesdienst

1. Katholische wie evangelische Christen bekennen sich im Glaubensbekenntnis zu der „einen, heiligen, katholischen/christlichen und apostolischen Kirche" (Nicaenum). Nach christlicher Überzeugung stellt sich diese Kirche des Glaubens in der örtlich versammelten

Gemeinde der Christen dar. Zwar ist die Kirche vom Auftrag und von der Verheißung ihres Herrn her universal, doch begegnet sie in der an einem Ort und zu bestimmten Zeiten versammelten Gemeinde.
Die Kirchen stimmen darin überein, daß die gottesdienstliche Versammlung die Lebensmitte der Gemeinde der Gläubigen ist. Der Gottesdienst mit den Menschen dieser Zeit und am konkreten Ort macht bewußt, daß Kirche als Werk des Gottesgeistes immer in einer fest umrissenen geschichtlichen Gestalt und Verfassung existiert.
Wir verkennen nicht die Unterschiede zwischen unseren Kirchen im Verständnis der Eucharistie und des Abendmahles; wir wissen und erfahren schmerzlich, daß ein gemeinsamer Gang zum Tisch des Herrn (offene Kommunion oder Interkommunion) um der Redlichkeit des Bekenntnisses willen noch nicht möglich ist.
Unsere Situation ist die der Volkskirche mit all ihren Fragwürdigkeiten und Chancen. Durch diese so existierende Kirche wird das Evangelium allen Menschen in einem bestimmten Gebiet verkündigt. Das gilt auch, wenn in der konfessionell gemischten Bevölkerung und der säkularen Gesellschaft Kirche als eine Minderheit erscheint und der Gottesdienst ein religiöses Ereignis dieser Minderheit in der Gesellschaft geworden ist.

Die Teilnahme am Leben einer christlichen Gemeinde unterliegt auch gesellschaftlichen Bedingungen. Umfrageergebnisse in beiden Kirchen haben die Motivationen von Kirchenbesuch und „distanzierter Kirchlichkeit" erhellt. Demnach besteht etwa eine Entsprechung zwischen der Häufigkeit des Kirchenbesuches und den subjektiven Erwartungen. Für die einen bedeutet die Kirche ein Stück Heimat; die Teilnahme am Gottesdienst ist ihnen eine Selbstverständlichkeit und bietet Hilfe zur Sinngebung und Bewältigung ihres Lebens. Andere dagegen vermissen überzeugende Antworten auf die Frage nach dem Sinn des Lebens und ein zureichendes Engagement in den Nöten dieser Welt. Demgemäß trifft der Gottesdienst auf eine breite Perspektive von Erwartungen, angefangen von der Vermittlung der Glaubensgewißheit über deren Ordnungsfunktion für das ethische Verhalten bis hin zu den Lebensqualitäten Freiheit und Humanität in einer modernen Gesellschaft.
Die Kirchen werten diese Vielzahl von Erwartungen nicht ab. Sie sind sich bewußt, daß ihr Dienst nicht immer alle Erwartungen ihrer Glieder erfüllt und erfüllen kann. Sie vertrauen darauf, daß das, was sie auftragsgemäß tun, dem Menschen in Wahrheit dient.

Beide Kirchen wissen sich eins in der Bewertung des Gottesdienstes:

„Die Barmherzigkeit Gottes erfährt die Gemeinde immer wieder neu, wenn sie sich im Namen des Herrn versammelt, um Gott zu danken und seiner großen Taten für das Heil aller Menschen zu gedenken, sich zu stärken im gemeinsamen Glauben und zum Dienst an der Welt und so ihr Leben auf das verheißene Reich auszurichten. Im Mittelpunkt dieser Versammlungen, die die Christenheit Gottesdienst nennt, stehen die Verkündigung des Evangeliums und die Feier der Sakramente" (Kirchen im Lehrgespräch).

Hier eröffnet sich eine gemeinsame Aufgabe für beide Kirchen. Die an der Sonntagsfeier nicht teilnehmenden Kirchenmitglieder begegnen dem Gottesdienst in bestimmten Lebenssituationen. Selbst wer kaum einmal im Jahr den Gottesdienst seiner Kirche besucht oder das Abendmahl empfängt, nimmt gelegentlich an einem christlichen Begräbnis oder an einer kirchlichen Trauung teil. Bei den Feiern von Taufe und Erstkommunion, Firmung und Konfirmation, Trauung und Beerdigung sind Menschen unterschiedlicher religiöser Haltung und verschiedener kirchlicher Gebundenheit aus allen Altersgruppen, Bildungsgraden und sozialen Schichten beisammen. Ein bereitwilliges und behutsames Zugehen auf Menschen, die am Rande gläubigen Lebens stehen, ist für beide Kirchen geboten. Das sollte in der Weise geschehen, daß die jeweilige Konfessionszugehörigkeit nicht infragegestellt, sondern gestärkt wird. Im Blick auf die „Kerngemeinde" ist ein geduldiger Abbau von Vorurteilen gegenüber den „Kirchenfernen" und „Randsiedlern" erforderlich. Die „Kerngemeinde" sollte sich intensiv um Kontakte und auch Verbindungen zu den Fernstehenden, vor allem um ein seelsorgliches Eingehen auf die besondere Situation der jeweils Anzusprechenden bemühen.

2. Warum ist Gottesdienst eigentlich notwendig? Diese Frage stellen sich sowohl viele, die am Gottesdienst teilnehmen, selbst wenn sie ihm mit Kritik begegnen, als auch solche, die grundsätzlich nicht kommen. Rasch bieten sich aus der allgemeinen Kritik an der Kirche geläufige Argumente an, die dafür sprechen, den sonntäglichen Gemeindegottesdienst nicht zu besuchen. Diese Argumente werden dem, was Gottesdienst will, nicht gerecht. Kirche ist eine Gemeinschaft, in der Jesus Christus und seine Botschaft lebendig ist und wirkt. Ohne den Gottesdienst, in dem diese Gemeinschaft erfahren

und die christliche Botschaft bewahrt und weitergegeben wird, würde sich das Christentum verflüchtigen und sich mit anderen Weltanschauungen bis zur Unkenntlichkeit mischen. Keiner kann für sich allein glauben, sich selbst das Evangelium sagen und sich die Vergebung der Sünden zusprechen. So hängt alles davon ab, daß ein Gottesdienst tatsächlich gehalten, daß die Gemeinschaft der Christen wirklich aufgesucht wird.

„Der Gottesdienst bedarf genausowenig einer Rechtfertigung wie die Liebe. Er erkennt das tiefe Geheimnis an, das das menschliche Leben umgibt. Für die, die an den in Jesus Christus geoffenbarten Gott glauben, ist der Gottesdienst im Grunde eher ein Vorrecht als ein Problem, denn er ermöglicht dem Menschen, an der Freude, dem Frieden und der Liebe Gottes teilzuhaben" (Weltrat der Kirchen, Uppsala).

Von dieser Sicht aus sollten evangelische wie katholische Christen das kirchliche Sonntagsgebot verstehen, mit dem die katholische Kirche ihre Glieder zur Teilnahme an der sonntäglichen Eucharistiefeier verpflichtet. Bringt der Pflichtcharakter dieses Gebotes auch die Gefahr gesetzlichen Mißverständnisses mit sich, darf seine Begründung in der Bibel wie in der Sache selbst nicht vergessen werden. Allein das biblische Gebot, den Feiertag zu heiligen, wird die weitverbreitete Ansicht schwerlich überwinden können, nach der in der evangelischen Kirche die regelmäßige Teilnahme am Gottesdienst nicht verpflichtend sei. Ein neues Bewußtsein von der Lebensnotwendigkeit und Selbständigkeit des Gottesdienstes am Auferstehungstag Christi, am Sonntag, (eine tätige Mitbeteiligung der Gemeinde am Gottesdienst selbst kann eine wichtige Hilfe sein) muß hier auf die Dauer einen Wandel schaffen. In einer Situation weitverbreiteter gesellschaftlicher Vorbehalte und einer allgemeinen Säkularisierung des Lebensstiles kommt es darauf an, die Einladung zum Gottesdienst in neuer Verbindlichkeit auszurichten. Dazu bedarf es des ökumenischen Miteinanders der Konfessionen gerade auf Orts- und Gemeindeebene.

Für den Gottesdienst ist der Christ an seine Ortsgemeinde gewiesen, die wieder und wieder ihren Gottesdienst hält und die Beteiligung des Einzelnen braucht. Hier wird die große Bedeutung der Ortskirche als der Gemeinschaft von Glaubenden im Nahbereich des gemeinsamen Wohnbezirks sichtbar. Einerseits kann festgestellt werden, daß jemand, der längere Zeit nicht am Gottesdienst seiner Kirche teilnimmt, nach und nach jede Verbindung mit der kirchlichen Gemeinschaft verliert. Andererseits muß das Fehlen vieler Gemeindemitglieder, ins-

besondere gewisser Alters- und Berufsschichten, auf Dauer zu einer Vereinseitigung und einer empfindlichen Verarmung des Gottesdienstes führen. Viel liegt daran, hier Chancen für Kontakte, Einladungen, Mitarbeit und konkrete Gottesdienstgestaltung aufzuspüren und wahrzunehmen.
Jede Eucharistiefeier und jeder Gottesdienst weist über die sichtbare Teilnehmerzahl hinaus auf die größere Gemeinschaft aller Menschen vor Gott. Alle sollen erfahren: Hier wird ein Wort gesagt, das Leben schenkt; hier wird eine Liebesgemeinschaft verwirklicht, die die Welt nicht bieten kann. Beide Kirchen müssen sich immer wieder die Frage stellen: Entspricht die gegenwärtige Gestalt der Eucharistie, des Abendmahles und der Predigt diesem Sinn des Gottesdienstes?

3. Der Gottesdienst unserer Kirchen hat eine lange, ereignisreiche gemeinsame Geschichte aus der Zeit der ungeteilten vorreformatorischen Kirche des Westens. Wenngleich die Liturgien bald nach der Kirchenspaltung des 16. Jahrhunderts eigene Wege gingen, blieben gemeinsame Grundvollzüge christlichen Glaubens in ihnen erkennbar. Anrufung Gottes und Gebet, biblische Lesung und Predigt, Lied und Lobgesang, Danksagung und Bekenntnis, Teile der Abendmahlsfeier und Segen sind ihnen gemeinsam. Die Liturgie stellt in beiden Kirchen ein Gefüge von Worten, Gesten und Handlungen geprägter Art dar, die zeichenhaft Ausdruck des Wirkens Gottes und des Glaubens sind; grundsätzlich auf die Gemeinschaft bezogen und offen für neue Gestaltungen und neue Erfahrungen laden sie immer wieder zum Fest des Glaubens ein.
Christen verschiedener Konfessionen leben in unterschiedlichen Überlieferungen und Übungen von Frömmigkeit. Unterschiedliche Glaubensauffassungen, Sprache und Kultur haben daran mitgewirkt, Riten, Gebete und Gebräuche der Christenheit zu formen. Bei der Begegnung von Christen werden oft Fragen der äußeren Gestaltung in andersartiger Wortwahl, Gestik, Kleidung und Musik so stark bewertet, daß man den Eindruck haben kann, es handele sich um eine völlig fremde Religionsgemeinschaft. Müssen Gebetshaltungen und Gottesdienstgebräuche der katholischen und der evangelischen Christen so trennend aufeinander wirken? Hier gilt es, zuerst Tradition und Brauchtum der eigenen Kirche zu verstehen und bewußt aneignend mitzuvollziehen. Dann ist die Voraussetzung gegeben, andere Frömmigkeitsformen ohne vorgefaßte Meinung zu sehen und vielleicht von ihnen zu lernen. Entscheidend für diese verstehende brüderliche Be-

gegnung ist die Besinnung auf den Kern aller Frömmigkeit: das Gebet zu Gott in Bitte, Dank und Lob.
Wenn ein Christ, der im Gottesdienst seiner Gemeinde beheimatet ist, an der Liturgie der anderen Kirche teilnimmt, wird für ihn das Erkennen der gemeinsamen Grundzüge des Gottesdienstes eine freudige Erfahrung sein. Freilich wird er die vorhandene Trennung um so schmerzlicher erfahren. Bei der Eucharistiefeier der Katholiken und dem evangelischen Gottesdienst mit Predigt und heiligem Abendmahl entsprechen sich nicht allein Gliederung und Aufbau der Liturgie, sondern auch eine Reihe gleichbleibender Gebets- und Gesangstexte. Sie dokumentieren den gemeinsamen Ursprung. Als wichtigste Stücke sind das Gebet des Herrn und die altkirchlichen Glaubensbekenntnisse zu nennen, die seit einigen Jahren in einem einheitlichen Wortlaut für die Christen deutscher Sprache gebraucht werden; die Texte des sogenannten kleinen und großen Lobgesanges (Gloria Patri... und Gloria in excelsis) sowie das Dreimal-Heilig (Sanctus) und der Lamm-Gottes-Gesang (Agnus Dei) gehören dazu. Hier findet der Prediger Ansatzpunkte, einer konfessionell gemischten Gottesdienstgemeinde den Zugang zu einer lebendigen Mitfeier der Liturgie zu erschließen. Diese gemeinsamen liturgischen Formen bieten auch dem nach längerem Fernbleiben Hinzukommenden die Möglichkeit des Wiedererkennens und des Einstimmens in das immerwährende Gebet und Gotteslob der Kirche.
Ähnlich verhält es sich mit den Lehraussagen, die in den Kirchen hinsichtlich des Gottesdienstes und der Sakramente gelten. Auch hier bedarf es zunächst einer gründlichen Kenntnis der Lehre der eigenen Kirche. Erst dann wird man klischeehafte, schlagwortartige Vorstellungen vom Gottesdienst und der Frömmigkeit der anderen Konfession durchschauen und sich ein zureichendes Bild machen können. Dankbar darf daran erinnert werden, daß die Gemeinden vieles aus dem Bemühen um gegenseitiges Verstehen gelernt haben und daß das Maß der Gemeinsamkeiten bei allen bestehenden Unterschieden groß ist. Dazu sind Erfahrungen und Erlebnis der gottesdienstlichen Praxis der anderen Kirche unentbehrlich. Warum besuchen sich katholische und evangelische Christen in ihren Gottesdiensten nicht?
In beiden Kirchen haben die liturgischen Bewegungen und die Versuche mit neuen liturgischen Formen dem Gottesdienst neue Impulse vermittelt. Es gibt Stimmen, die besagen, die evangelische Kirche sei in ihrer Agende „katholischer" geworden, während die katholische Kirche durch die Liturgiekonstitution des II. Vatikanischen Konzils

„evangelische" Züge angenommen habe. Daß ein wechselseitiger Lernprozeß in Gang gekommen ist, kann nur begrüßt werden. Die verstehende Aneignung des eigenen Gottesdienstes bildet die Voraussetzung dafür, daß sich Christen im Gottesdienst begegnen, verstehen lernen und so zur gemeinsamen Bezeugung des Evangeliums finden, auf die die Welt wartet.

4. Es gibt bereits genutzte, aber auch recht viele unentdeckte Gelegenheiten zu gemeinsamen Gottesdiensten von katholischen und evangelischen Christen. Die Gebetswoche für die Einheit der Kirche im Januar bzw. vor Pfingsten bietet einen guten Ansatzpunkt.
Vielleicht könnten benachbarte Gemeinden eines der großen christlichen Feste neben ihren eigenen Gottesdiensten mit einem gemeinsamen Vespergottesdienst begehen, um der gemeinsamen Freude der Christenheit über die zentralen Ereignisse ihres Glaubens Ausdruck zu geben. Anlässe im Leben einer Gemeinschaft oder Gruppe, örtliche oder überregionale wichtige Daten oder Ereignisse sollten durch einen gemeinsamen Gottesdienst wahrgenommen werden.
Für gemeinsame Gottesdienste katholischer und evangelischer Christen bieten sich Wort- und Gebetsgottesdienste an. Diese Liturgien enthalten als Grundformen christlichen Gottesdienstes biblische Lesungen und deren Auslegung, Gemeindegesang und das Gebet in seinen vielfältigen Formen. Beispiele für solche Ordnungen liegen vor in den jährlich neu herausgegebenen Liturgien zum Weltgebetstag der Frauen und in den Formularen der Gebetsandachten zur Weltgebetswoche für die Einheit. Bei vielen Gelegenheiten wird jedoch nach Anlaß und Ort der gemeinsamen Feier eine bereits vorhandene und vertraute Ordnung des Gottesdienstes mit entsprechenden Abwandlungen gewählt werden.
Bei einer ökumenischen Begegnung von Christen getrennter Kirchen wird zwischen Gottesdiensten, an denen eine Gemeinde oder Gruppe der anderen Konfession lediglich besuchsweise teilnimmt, und Gottesdiensten, die gemeinsam vorbereitet und gefeiert werden, zu unterscheiden sein. Nur die zuletzt genannten Feiern können „Gemeinsamer Gottesdienst" genannt werden. Bei einem gegenseitigen Besuch von Gemeindegruppen wird der Gastgeber die Besucher begrüßen; der Gast kann etwa ein Gruß- oder Dankeswort sagen, eine Lesung vortragen, sich bei den Fürbitten beteiligen oder musikalisch mitgestalten (Chor, Instrumentalgruppe). Eine besuchsweise Teilnahme am Gottesdienst der anderen Konfession – die Anwesenheit

auch bei der Eucharistie- bzw. Abendmahlsfeier – wird Gemeindeglieder und Pfarrer ermutigen.

Von einer rechtzeitigen und sorgfältigen Vorbereitung eines gemeinsamen Gottesdienstes, der Absprache der Pfarrer untereinander, der Bildung eines Vorbereitungskreises aus beiden Gemeinden und einer wohlüberlegten Einladung wird vieles abhängen. Die Ordnungen des katholischen Wortgottesdienstes und eines evangelischen Predigtgottesdienstes stimmen in ihrer Grundabfolge überein. Unterschiedliche liturgische Traditionen können in eine gemeinsame Feier eingebracht werden, z. B. die Lesungen in ihrer jeweiligen Sprachgestalt, die Antwortgesänge auf die Lesungen und das geistliche Lied. Es sollte darauf geachtet werden, daß ein gemeinsamer Gottesdienst nicht nur die Pfarrer, sondern auch die Gemeinden beteiligt: Dienste bei den Lesungen, beim Fürbittengebet oder bei der Geldsammlung mit einer vereinbarten Zweckbestimmung können von Gemeindegliedern wahrgenommen werden. Eine große Hilfe für die Gemeindebeteiligung sind die Gesänge: das Evangelische Kirchengesangbuch mit „Liedern aus der Ökumene" und das katholische Einheitsgesangbuch „Gotteslob" bieten dazu viele Möglichkeiten. Die Fürbitte kann gemeinsam vorbereitet und wechselseitig gesprochen werden. Außer den Grundtexten des Glaubens, wie Vaterunser und Glaubensbekenntnis, ist den Kirchen der Psalter gemeinsam, der in gemeinsamen Gottesdiensten denkbar gut in das Gebet hineinführen kann. Die wieder neu belebte Gemeindevesper auf katholischer Seite hat ihre Entsprechung in den Andachtsformen evangelischer Gemeinden und in den von Kommunitäten und Bruderschaften mancherorts gehaltenen Metten und Vespern. Bei kirchlichen Treffen, bei gemeinsamen Bibelwochen oder zum Abschluß eines Begegnungsabends sind Gelegenheiten gegeben, der vorhandenen Gemeinsamkeit im Gebet Ausdruck zu geben.

12. Kapitel Einführung in Glaube, Frömmigkeit und sakramentales Leben

1. Aus der Taufe ergibt sich für beide Kirchen die Verpflichtung, die Getauften in den Glauben an Gott einzuführen, sie mit der Geschichte des Heils in Jesus Christus bekannt zu machen, für sie und mit ihnen zu beten. Vor allem weist die Taufe als die sakramentale Weise christ-

licher Initiation auf das Sakrament des Altares hin, an dem teilzuhaben die Getauften durch Christus berufen sind. Auf eine geordnete Hinführung der getauften Heranwachsenden zur Feier der Eucharistie bzw. des Heiligen Abendmahles wie zum sakramentalen Leben der Kirche überhaupt müssen die Kirchen größtes Gewicht legen. In einer Zeit fortschreitender Infragestellung christlichen Lebens und christlicher Lebenswerte hängt die Weitergabe des Evangeliums entscheidend davon ab, daß der christliche Glaube in zeitgemäßen und tragfähigen Formen der Frömmigkeit übermittelt wird und daß den Menschen Hilfen zu einem Leben in der Kirche gegeben werden können.

2. Weil in beiden Kirchen die Kindertaufe die Regel ist, wird für eine Heranführung der kleinen Kinder an Glauben, Beten, Loben und Danken der christlichen Gemeinde das Vorbild der Eltern – im positiven wie im negativen Sinne – von ausschlaggebender Bedeutung sein. Es ist erwiesen, daß die Familie als Raum primärer Sozialisation das Glaubensleben eines heranwachsenden Kindes, ja das gesamte Leben des Glaubenden weitgehend bestimmt. Junge Eltern werden die Beratung und Hilfestellung durch andere Christen nicht entbehren können. Die Aufnahme noch nicht schulpflichtiger Kinder in einen im Geist christlichen Glaubens geführten Kindergarten kann den eigenen Glauben des Kindes wecken und fördern helfen. Gleichwohl sind die Eltern, die ihr Kind einst zur Taufe gebracht haben, von der dort bezeugten Verantwortung nicht entbunden. Erlebt ein Kind in seinen ersten Lebensjahren, daß Vater und Mutter beten und den Gottesdienst besuchen, wird das Kind dem Beispiel der Eltern wie selbstverständlich folgen. Dies gilt umgekehrt in gleicher Weise.

3. Hängt die Einzeichnung christlichen Glaubens und gewisser erster Formen persönlicher Frömmigkeit in die Erlebniswelt des Kindes bis zum Eintritt in das Schulalter entscheidend von der Haltung seiner Eltern ab, werden nun zunehmend außerfamiliäre Institutionen und Kräfte auf das Kind Einfluß nehmen. Dabei kann die Schule mitgebrachte Einstellungen des Kindes fördern oder hemmen. Spätestens in der Phase der Einschulung sollten dem Kind gewisse Grundbegriffe des christlichen Glaubens, ein kleiner Schatz von auswendig gewußten Gebeten und Liedstrophen und eine praktische Anschauung von der Gottesdienstfeier seiner Kirche vermittelt sein.
In dem Lebensabschnitt, in dem Grundgegebenheiten des Glaubens (Gottesvorstellung, Kindergebet, geschichtliche Bedingtheiten der

Erscheinung von Kirche) dem Kind problematisch zu werden beginnen, wird es sich der Unterschiedenheit der Konfessionen bewußt werden. Hier ist es notwendig, das gemeinsame Gut christlicher Frömmigkeit immer wieder hervorzuheben und die Differenz in kirchlicher Lehre und Praxis in ihrem wirklichen Stellenwert dem Auffassungsvermögen des Kindes gemäß begreiflich zu machen. Hierzu bedarf es des entschiedenen Miteinanders der christlichen Gemeinden, ihrer Pfarrer und Mitarbeiter, der Lehrer und Eltern. Wird an dieser Stelle hilfreiche Information versagt und eine gemeinsame Aufarbeitung geistlicher Erfahrung von Erwachsenen und Kindern versäumt, überträgt sich die Gleichgültigkeit vieler Kirchenglieder auf die junge Generation und die Trennung der Kirchen wird unweigerlich vertieft.

4. Seit mehr als hundert Jahren ist in den evangelischen Kirchen der Kindergottesdienst eingerichtet, um den Kindern vom Schuleintrittsalter bis zur Konfirmandenzeit eine ihnen gemäße Einführung in biblische Geschichte und Lehre zu vermitteln. Das Erscheinungsbild des Kindergottesdienstes hat sich im Laufe der Zeit gewandelt. Bemühungen um die Erneuerung des Kindergottesdienstes setzen heute vielfach bei der Erlebniswelt des Kindes, seinen Erfahrungen und Fragestellungen, seiner Freude an Spiel und Kreativität ein. Sie weisen zugleich auf den liturgischen Charakter des Kindergottesdienstes hin und führen zu der Erkenntnis, daß eine Vermittlung christlicher Glaubens- und Lebenshaltung bei den Kindern mehr ist als Unterricht. Der im letzten Jahrzehnt in evangelischen Kirchengemeinden heimisch gewordene Familiengottesdienst bietet brauchbare Ansätze zu einer Glaubensvertiefung. Verschiedene Formen des Schulgottesdienstes oder des Morgengebetes in der Klasse geben Gelegenheit zu ökumenischem Miteinander.

Die Aneignung christlicher Glaubensformen bei einem Kind, das mit seinen Eltern die sonntägliche Eucharistiefeier der katholischen Kirche besucht, verdichtet sich, wenn es in die Vorbereitung für den Empfang der ersten heiligen Kommunion aufgenommen wird. Hier können die Fürbitten der Gemeinde, auch die Unterstützung durch die Eltern, Paten und „Gruppenmütter" (Frauen, die sich für die Vorbereitung von 5–6 Kindern über mehrere Monate hin zur Verfügung stellen) für den Zugang des Kindes zum Sakrament des Altares einen großen Dienst leisten. Gut vorbereitete Kindermessen mit entsprechenden Anpassungen (vgl. Direktorium für Kindermessen) sollten nicht vergessen lassen, daß bereits die gewohnte Sonntagsfeier der Pfarrgemeinde gute Möglichkeiten zu einer Beteiligung der Kinder bietet. Daß diese regelmäßig Ministrantendienst tun, ist – ähnlich wie die Mitbeteiligung der Katechumenen und Konfirmanden am evangelischen Gottesdienst – für ihre geistliche Erfahrung von nicht zu unterschätzendem Wert.

In der ökumenischen Begegnung sind auch die Überlegungen wichtig, die seit einer Reihe von Jahren innerhalb der evangelischen Kirche zum Kinderabendmahl angestellt werden. Im übrigen stimmen fast alle Landeskirchen einer bereits vor der Konfirmation praktizierten Zulassung von Konfirmanden zum Abendmahl zu.

5. Seit den Anfängen der Kirche galten die Zehn Gebote, das Glaubensbekenntnis und das Vaterunser als Grundstock des Glaubenswissens für jeden getauften Christen. Bei der Fülle von praktischen Lebensproblemen für den jugendlichen Menschen wird dieser unerläßliche katechetische Grundbestand nicht ausreichen, eine ausreichende Orientierung im Glauben zu geben. Gerade darum ist im Unterricht zur Firmung und zur Konfirmation nicht nur ein bestimmter Wissensvorrat zu vermitteln, sondern christliches Leben einzuüben. Auch der Zugang zu einer vertieften biblischen Frömmigkeit wird dem jugendlichen Christen geöffnet werden müssen. Die Erfahrungen der Kirchen mit der Schrift, die erfreuliche Übereinstimmung in Fragen der Auslegung geben Ermutigung, den Jugendlichen zu einem verstehenden und glaubenden Umgang mit der Bibel anzuleiten. Er wird dann auch in einer möglichen Phase der Entfremdung eine geistlich tragfähige Basis behalten, auf der sich seine eigene Weise der Frömmigkeit ausbilden kann.

6. Zur Einführung junger Menschen in den christlichen Glauben gehört das Vertrautwerden mit der Beichte bzw. mit dem Bußsakrament.

Schon früh wird das Kind mit dem Schuldproblem konfrontiert. Es erfährt eigene Schuld und auch unentschuldbare Verfehlungen anderer und erkennt, wie sehr Unrecht, Selbstliebe und Eigensinn die Gemeinschaft von Menschen zerstören. So früh wie möglich müssen seine Fragen nach Vergebung und Versöhnung in der religiösen Erziehung in Elternhaus, Schule und Kirche aufgenommen werden. Dabei reichen eine rein psychologische Erklärung des Faktums Schuld und die Einsicht in die sozialen Folgen der bösen Tat keineswegs aus.

Die Bereinigung von Konflikten im engsten Lebenskreis zwischen Eltern und Kindern, die immer neu mögliche Versöhnung wird dem Kind wichtige Ersterfahrungen vermitteln, die im folgenden Unterricht in bewußte Glaubenserkenntnis überführt werden müssen. In der Kinder- und Jugendseelsorge wird diesem Punkt besondere Aufmerksamkeit zugewendet werden müssen. Für den Heranwachsenden ist die Erfahrung entscheidend, daß Menschen tatsächlich zur Umkehr und Buße bereit sind und aus der Vergebung leben. Das seelsorgerliche Gespräch und die behutsame Hinführung zum persönlichen Aussprechen von Schuld muß immer wieder neu angeboten und versucht werden.

In der evangelischen Gottesdienstfrömmigkeit sind Buße und Beichte über lange Zeit mit der Abendmahlsfeier verbunden gewesen. Eine Ablösung und Verselbständigung der Beichtfeier sowohl als Einzelbeichte wie als Gemeinschaftsfeier hat sich erst in neuerer Zeit vollzogen. In der katholischen Kirche hat die Zeit nach dem II. Vatikanischen Konzil einen Rückgang der Einzelbeichte gebracht. Die neue Bußordnung hält am persönlichen Bekenntnis und der Einzelabsolution als dem eigentlichen Weg der sakramentalen Sündenvergebung fest, kennt aber darüber hinaus auch Ordnungen für die gemeinsame Bußfeier der Gemeinde. Neben der Möglichkeit der Beichte des einzelnen Christen, die die Kirchen in unterschiedlicher Ausprägung kennen, wird jeder Gottesdienst das Element der Umkehr und Vergebung enthalten. Die Kirchen sind sich bewußt, daß eine Erneuerung ihrer Christengemeinschaft nur aus der Vergebung der Schuld erwächst und daß ihre Trennung alle, die sich um Einheit bemühen, in die Buße führt.

13. Kapitel   Caritas und Diakonie

1. Kirchliches Leben kann sich niemals beschränken auf Glaubensunterricht und Gottesdienst; die Frohe Botschaft spricht den ganzen Menschen an und will ihn in allen Bezügen seines Lebens in Dienst nehmen und senden. Verkündigung, Liturgie und Bruderdienst durchdringen sich. Nur wo diese Grundfunktionen miteinander wahrgenommen werden, ist christliche Gemeinde lebendig.

Jahrhundertelang konnte man sich im christlichen Abendland ein staatliches Zusammenleben nicht anders vorstellen denn aufgrund

einer gemeinsamen religiösen Überzeugung und Kirchenzugehörigkeit. Staatliche und kirchliche Institutionen durchdrangen sich. Inzwischen ist die technische Entwicklung so fortgeschritten, daß die Gedanken jeder auf der Welt vorkommenden religiösen Anschauung durch die Massenkommunikationsmittel überall verbreitet werden können. Der Mensch ist zu freier Wahl aufgefordert und gezwungen.
Der demokratische Rechtsstaat bekennt sich zu weltanschaulicher Neutralität. Er überläßt seinen Bürgern die Freiheit der Entscheidung und Entfaltung. Voraussetzung dafür ist, daß der Staat den religiösen Gemeinschaften die Möglichkeit gibt, sich außerhalb des Kirchenraumes und der unmittelbaren Glaubensverkündigung im Dienst an der Gesellschaft zu betätigen. Solcher Dienst erfordert häufig den Einsatz der Kirche in Einrichtungen der Caritas und der Diakonie. Das betrifft etwa den Dienst der Kirchen in Beratungsstellen für Ehe- und Familienfragen, in Erziehungsberatungsstellen, in Altersheimen und Krankenhäusern; die Bildungstätigkeit der Kirche in Familienbildungsstätten und Erwachsenenbildungseinrichtungen sowie in Schulen und Hochschulen; den Dienst der Kirchen an hilflosen und schwachen Menschen in psychiatrischen Pflegeheimen, in Heimen der freiwilligen Erziehungshilfe und anderes mehr. Der Unterhalt solcher Einrichtungen übersteigt häufig die Kraft einer einzelnen Gemeinde. Daher werden diese Anstalten gewöhnlich getragen von Stiftungen, eingetragenen Vereinen, Wohlfahrtsverbänden, von einem Zusammenschluß mehrerer Gemeinden oder von Landeskirchen bzw. Bistümern. Soweit sie zum Bereich der öffentlichen Wohlfahrtspflege gehören, sind alle diese kirchlichen Einrichtungen zusammengeschlossen in den vom Staat anerkannten Spitzenverbänden der freien Wohlfahrtspflege der Diözesancaritasverbände und der Diakonischen Werke in Nordrhein-Westfalen. Zusammen mit den von anderen gesellschaftlichen Kräften getragenen übrigen Wohlfahrtsverbänden vertreten diese Organisationen die Anliegen der ihnen angeschlossenen Einrichtungen gegenüber unserem Staat.

2. Gerade auch im Hinblick auf all diese Einrichtungen haben die Diözesen und die Landeskirchen in Nordrhein-Westfalen am 8. Juni 1972 die im 6. Kapitel dieser Schrift wiedergegebene gemeinsame Erklärung veröffentlicht.
Hinter dieser Vereinbarung steht die Grundauffassung, welche im 3. Kapitel „Profilierung auf Jesus Christus hin als Weg zur Einheit"

dargelegt worden ist. Gemäß dieser Grundauffassung ist es nicht nur annehmbar, sondern geradezu wünschenswert, daß man jeder der genannten Einrichtungen ansieht, ob sie katholisch oder evangelisch getragen ist. Denn woher sonst soll sie christliches Profil erhalten als durch die Einbindung in eine konkrete Kirche? Nur auf diese Weise können die Mitarbeiter wie auch alle, die sich dort helfen lassen möchten, Beheimatung in der kirchlichen Gemeinschaft, für die sie sich entschieden haben, leben und erfahren. Die Möglichkeit der Bürger unseres weltanschaulich neutralen Staates, frei zu wählen, wo und von wem sie sich in den vielfältigen Nöten und Sorgen ihres Lebens helfen lassen wollen, ist ein großes Gut. Die christlichen Kirchen sollen dieses Gut nicht nur dem Staat gegenüber verteidigen, wo es notwendig ist; sie müssen es auch in der Art ihrer Zusammenarbeit wahren und womöglich vertiefen. Die Einbindung der genannten Einrichtungen in die kirchlichen Gemeinden am jeweiligen Ort und die Zusammenarbeit mit ihnen ist eine wichtige Voraussetzung für einen Dienst, der dem Anspruch des Evangeliums gerecht werden will.

Daraus darf aber nicht gefolgert werden, daß die jeweils andere Kirche am Ort ausgeschlossen werden soll. Jeder Träger wird dem seelsorglichen Dienst der anderen Gemeinde alle nur denkbare Hilfe geben. Auch für eine darüber hinausgehende Zusammenarbeit lassen sich geeignete Formen finden.

3. Da gerade in solchen Einrichtungen sehr weitgehend die finanziellen Mittel auch von der öffentlichen Hand beigesteuert werden, wird von dieser Seite oft auf eine interkonfessionelle Trägerschaft gedrängt. Man sollte dem in aller Freundlichkeit und Klarheit widerstehen; gleichzeitig aber muß deutlich gemacht werden, daß durch die Trägerschaft einer derartigen Einrichtung durch eine Kirche die Mitarbeit und die Versorgung der Christen der anderen Kirche gewährleistet wird.

Das kann in verschiedener Weise geschehen. Bei klarer rechtlicher bzw. trägerschaftlicher Zuordnung zu einer der beiden Kirchen bzw. zu einem der beiden kirchlichen Wohlfahrtsverbände kann man zusammenarbeiten durch Erfahrungs- sowie Informationsaustausch und durch Kontakte im jeweiligen Einzugs- oder Versorgungsbereich. Das empfiehlt sich vor allem dort, wo beide Kirchen einen gleichen Dienst am gleichen Ort anbieten, aber auch als ein erster Schritt zu geplantem Miteinander.

In Gemeinden, in denen eine Konfession in der Minderheit ist, können

unbeschadet der klar geregelten Trägerschaft Kontaktgremien geschaffen werden, in denen Gläubige der anderen Kirche vertreten sind, um dort mitzuarbeiten und ihre Anliegen einzubringen.
In Großstädten mag es hier und dort angebracht sein, daß beide Kirchen ihre Einrichtungen (etwa der Beratungsdienste) in der räumlichen Nachbarschaft eines Hauses anbieten. Das erleichtert den gegenseitigen Kontakt und die Öffentlichkeitsarbeit; es gewährleistet die Wahlmöglichkeit der Ratsuchenden. Freilich muß Sorge getragen werden, daß nach außen hin nicht der Eindruck einer „Sozialbehörde" erweckt wird und eine „Service-Mentalität" entsteht.
Bei entsprechenden äußeren Umständen ist es auch möglich, daß sich verschiedene Träger über fachliche und räumliche Arbeitsteilung gegenseitig absprechen. Das ist z. B. denkbar, wo es um Aktionen wie „Essen auf Rädern" geht; weniger empfehlenswert ist es bei den unmittelbar personalen Diensten der Lebensberatung, da durch solche Aufteilung die Wahlmöglichkeit des einzelnen durch Ausschaltung eines pluralen Angebotes am Ort eingeschränkt wird.
Schließlich ist auch an Arbeitsgemeinschaften verschiedener Träger zwecks Absprache und gemeinsamer Vertretung in der Öffentlichkeit zu denken. (Zu diesem Abschnitt vgl. die Denkschrift des Deutschen Caritasverbandes „Ökumenische Zusammenarbeit und Zusammenarbeit mit nichtkirchlichen Trägern im Bereich sozialer Einrichtungen und Maßnahmen".)
Vor allem in Gebieten, in denen wegen der gegebenen Situation nur eine Kirche ein bestimmtes Angebot verwirklichen kann, die andere Kirche aber an einer Mitarbeit interessiert ist, gibt es die Möglichkeit, Mitarbeiter für die betreffende Einrichtung (etwa in der Erziehungsberatung) bei der die Einrichtung nichttragenden Kirche anzustellen, sie dann aber in die betreffende Einrichtung abzuordnen. Die Mitarbeiter sind dann Angestellte ihrer Kirche; sie gehören gleichwohl voll zum Mitarbeiterstab der betreffenden Einrichtung. Auch ist es denkbar, daß die an der Trägerschaft nicht beteiligte Kirche einen finanziellen Zuschuß an die Trägergemeinde im Maße der Inanspruchnahme durch ihre Glieder entrichtet. Solche Lösungen sind in der Praxis erheblich flexibler und elastischer zu handhaben als gemeinsame Trägerschaften durch die Bildung eines eingetragenen Vereins oder einer GmbH oder dergleichen. Das gilt auch für Einrichtungen wie etwa die Telefonseelsorge oder die sogenannten Sozialstationen, wenngleich hier auch schon andere Wege versucht worden sind. Die erwähnte Studie des Caritasverbandes stellt fest:

„Von örtlichen Situationen abgesehen, die heute noch weithin eine Ausnahme sind, haben die bisherigen Erfahrungen die in ökumenische Trägerschaft gesetzten Erwartungen nur selten erfüllt... Es hat sich gezeigt, daß die dichteste Form ökumenischen Zusammenwirkens durchaus nicht immer in der engsten juristischen Form des Einheits-e.V. zu suchen ist. Ihm mangelt es nicht selten an einer gemeinsam getragenen, schrittweise zu entwickelnden und realistisch konzipierten Zielvorstellung... Demgegenüber wurde die Vielfalt der Entwicklung von fach- und situationsgerechten ökumenischen Kooperationsformen bislang weithin nicht ausgeschöpft."

4. Das enge Zusammenleben vieler Menschen auf kleinem Raum erfordert ein großes Maß an Organisation. Die Vielfalt der Einrichtungen, der behördlichen Zuständigkeiten und die immer mehr zunehmende Verwaltungsarbeit werden immer unübersichtlicher. Der einzelne Ratsuchende findet sich häufig nicht mehr zurecht und wagt kaum noch zu fragen. Es kann nicht verkannt werden, daß auch die Einrichtungen der Kirche diesem Sog zur Bürokratisierung unterliegen. Das ergibt sich schon zwangsläufig aus der Zusammenarbeit mit den staatlichen Verwaltungsstellen und deren Anforderungen. Hier bedarf es dringend einer Besinnung. Jede kirchliche Einrichtung im Bildungs- oder Sozialbereich muß um ihre Hinordnung auf die jeweiligen Gemeinden am Ort wissen, ihr entsprechen und sie intensivieren. Umgekehrt ist es notwendig, daß die einzelnen Gemeinden die verschiedenen Einrichtungen als die ihren ansehen. Um eine gegenseitige Öffnung zu fördern, ist es notwendig, daß zunächst innerhalb der jeweiligen Kirche Kontakt geschaffen wird zwischen den Gemeinden und den in ihrem Bereich liegenden Einrichtungen. Sodann aber ist zu überlegen, wie die Solidarität mit der jeweils anderen Gemeinde gefördert und sichtbar gemacht werden kann.

Um ein Beispiel zu nennen: Ohne Zweifel kann etwa ein Altersheim rein wirtschaftlich oder pflegerisch gesehen ein Leben für sich führen; entspricht es aber wirklich dem Dienst christlicher Bruderliebe, wenn man die Hilfe hinter Mauern verbannt? Entsteht so nicht die Gefahr, daß sich der einzelne Christ vom Gebot der Nächstenliebe durch seinen finanziellen Beitrag für den Unterhalt solcher Einrichtungen freizukaufen sucht? Jedes Glied einer christlichen Gemeinde muß sich persönlich mitverantwortlich fühlen. Damit das aber gelingt, bedarf es noch mancher Überlegungen, Initiativen und spontaner Phantasie. Vielerorts ist das Altersheim im öffentlichen Bewußtsein sehr wenig geschätzt. Das Einziehenmüssen in ein solches Haus wird von

vielen Menschen als Ausschluß aus dem lebendigen Leben und Vorstufe zum Sterben empfunden. Demgegenüber ist die Altenarbeit der kirchlichen Gemeinden in Form von Tagesstätten und Altenclubs überall sehr dankbar aufgenommen worden. Es ist zu fragen, ob man nicht die Arbeit der Altentagesstätten und Altenclubs in die Altenheime hineintragen müßte und umgekehrt durch die Fachkräfte der Altersheime die ehrenamtlichen Betreuerinnen und Betreuer der gemeindlichen Altenarbeit fachlich qualifizieren könnte. Würde nicht auf diese Weise das Altersheim mehr in das Leben der Gemeinde eingebunden und die Isolierung der Bewohner erheblich vermindert? Könnte zugleich nicht umgekehrt das Verantwortungsbewußtsein unserer Gemeinden für die alten Menschen weiter geweckt und vertieft werden?
Ähnliches gilt auch von anderen kirchlichen Einrichtungen im sozialen und caritativen Dienst. Je mehr sich lebendige Gemeinden um die Mitgestaltung dieser Einrichtungen mühen, um so fruchtbarer kann in ihnen gearbeitet werden.

5. Kennzeichen jeder kirchlichen Arbeit muß die weitgehende Einbeziehung ehrenamtlicher Mitarbeiter sein. Ohne Zweifel ist es notwendig, daß auch in den kirchlichen Sozialeinrichtungen Fachkräfte tätig sind. Diese Fachkräfte würden aber das besondere Merkmal kirchlichen Dienstes verkennen, wenn sie ihre eigene Einbindung in die Ortsgemeinde nicht bejahen würden. Es gibt in unseren Gemeinden eine erfreulich große Anzahl von Menschen, die zur Mitarbeit bereit sind. Jeder in der Kirche hauptamtlich Tätige muß es sich zum persönlichen Anliegen machen, solche ehrenamtlichen Helfer zu finden, für ihren Dienst auszubilden und sie fachlich zu begleiten.
Auch hier gibt es je nach der örtlichen Situation vielfältige Möglichkeiten ökumenischen Miteinanders. Für den Sonntagsdienst in einem Krankenhaus können z. B. durchaus Helfer und Helferinnen beider Kirchen gewonnen werden. Ähnliches gilt und wird praktiziert für Einrichtungen wie Krankenhausfunk, „Essen auf Rädern" oder dergleichen. Müßte nicht eine von einer Kirche getragene Beratungsstelle auch Kontaktmöglichkeiten zu Gliedern der anderen Gemeinde haben, um etwa Vormundschaften zu vermitteln oder Hilfen für die Resozialisierung von Gliedern der jeweils anderen Gemeinde anbieten zu können? Wo der Dienst der Familien- oder Hauskrankenpflege nur von einer Kirche angeboten wird, sollte die betreffende Fachkraft

freiwillige Helfer und Helferinnen für Notfälle aus beiden Gemeinden kennen, um sie bei Bedarf vermitteln zu können.

Aus den wenigen Beispielen, die hier genannt worden sind, dürfte deutlich geworden sein, daß ein lebendiger Kontakt unter den Gemeinden am Ort und eine gegenseitige Absprache wünschenswert ist. Wo Sozialeinrichtungen den Kontakt zur eigenen Gemeinde wirklich gefunden haben – was an vielen Stellen ohne Zweifel noch nicht genügend geschehen ist –, wird die Öffnung für die Gemeinde des jeweils anderen Bekenntnisses der nächste Schritt sein. Wenn die einzelnen Gemeinden ein Zugehörigkeits- und Verantwortungsgefühl für bestimmte Einrichtungen dieser Art entwickelt haben, werden sie gern auch Glieder der anderen Gemeinde zur Inanspruchnahme und zur Mitarbeit in solchen Einrichtungen einladen.

Neben der oben bereits erwähnten Aufgabe gemeinsamer Planung vor der Gründung solcher Einrichtungen und der immer wieder gewährten Information über deren Tätigkeit wird auch die Freude des gemeinsamen Helfens fruchtbare Wege ökumenischen Miteinanders eröffnen.

14. Kapitel   Weltmission und Entwicklungshilfe

1. Christen haben den Auftrag, ihren Glauben an Jesus Christus vor allen Menschen zu bezeugen. Angesichts der Unfreiheit, des Unglaubens, des Unrechts und des Unfriedens in der Welt muß die befreiende Liebe Gottes verkündet werden und im Leben aller Menschen Gestalt annehmen.

Im Beschluß der Gemeinsamen Synode der Bistümer in der Bundesrepublik Deutschland „Missionarischer Dienst an der Welt" heißt es dazu:

„Nur eine christliche Gemeinschaft, in der das neue Leben in Jesus Christus auch menschlich erfahrbar wird, kann überzeugen, daß ihr Glaube die Frage nach dem Sinn des Lebens beantwortet und die Probleme lösen hilft, die unsere Welt bedrängen."

2. Unsere volkskirchlich geprägten Gemeinden sehen den Auftrag zur Mission auch heute noch in erster Linie wahrgenommen durch

Missionare und andere Mitarbeiter der Missionsgesellschaften. In den letzten Jahren hat sich das Bewußtsein verstärkt, daß unsere Gemeinden unmittelbar für die Mission Verantwortung tragen. Im Gottesdienst schließen wir die gesamte Menschheit und den Dienst der Kirche in der ganzen Welt in die Fürbitte ein. Daß eine evangelische Gemeinde ihre Missionsschwester oder ihren Missionsarzt in Sumatra, Hongkong oder Indien und eine katholische Gemeinde ihren Missionar oder ihre Missionsschwester in Nigeria oder auf Taiwan kennt, konkretisiert Fürbitte und Opfer. Es ist wünschenswert zu wissen, welche Partner die benachbarte Gemeinde der anderen Konfession in ihr besonderes Gebet aufnimmt.

Die Mängel früherer Missionspraxis dürfen jedoch nicht übersehen werden. Im Hinblick auf die Vielfalt der christlichen Bekenntnisse müssen wir es uns als Schuld anrechnen, die Spaltung der Christenheit in die Missionen getragen zu haben. Auch ist nicht zu leugnen, daß die Eigenwerte der Völker und Kulturen bei unserer Missionstätigkeit oft zu wenig berücksichtigt wurden.

Wo sich historische, kulturelle, soziale und politische Fronten hinter Konfessionsbezeichnungen verstecken, ist das eine uns gemeinsam treffende Herausforderung. Um so wichtiger ist es, daß wir in der „Gemeinsamen Kommission der Kirchen zur Entwicklungshilfe" und der interkonfessionellen „Arbeitsgruppe für zwischenkirchliche Hilfe in Nordirland" zusammenarbeiten.

3. Das Evangelium will den Menschen in seiner jeweiligen Lage erreichen. Wenn wir das Bekenntnis zu Christus ganzheitlich verstehen, gehört das Eintreten für menschenwürdige Verhältnisse zum Missionsauftrag hinzu. So schreibt Papst Paul VI. in seinem Apostolischen Schreiben über die Evangelisierung in der Welt von heute:

„Zwischen Evangelisierung und menschlicher Förderung – Entwicklung und Befreiung – bestehen in der Tat enge Verbindungen anthropologischer Natur, denn der Mensch, dem die Frohbotschaft gilt, ist kein abstraktes Wesen, sondern sozialen und wirtschaftlichen Problemen unterworfen; Verbindungen theologischer Natur, da man ja den Schöpfungsplan nicht vom Erlösungsplan trennen kann, der hineinreicht bis in die ganz konkreten Situationen des Unrechts, das es zu bekämpfen, und die Gerechtigkeit, die es wiederherzustellen gilt; Verbindungen schließlich jener ausgesprochenen biblischen Ordnung, nämlich der Liebe. Wie könnte man in der Tat das neue Gebot verkünden, ohne in der Gerechtigkeit und im wahren Frieden das echte Wachstum des Menschen zu fördern?"

Hierbei haben wir zu lernen, den Kontext der Lebensbedingungen in einer Gesellschaft ernst zu nehmen. Die Aufgabe der Evangelisation kann z. B. nicht in der gleichen Weise an gelangweilten Übersättigten und an hungernden Verzweifelten wahrgenommen werden.

4. Wir sollten nicht nur über das Bekenntnis zu Christus gemeinsam reden, sondern auch versuchen, es in einem neuen Lebensstil exemplarisch zu leben. Die Vollversammlung des Weltrates der Kirchen in Nairobi hat dazu gesagt:

„Wir wollen einfacher leben, damit wir alle einfach überleben. Wir versuchen zu verstehen, daß unsere vermeintlichen Bedürfnisse anderen Menschen ihren notwendigen Bedarf vorenthalten. Wir sind bereit, unseren persönlichen Lebensstil soviel wie möglich zu verändern, bevor wir fordern, daß andere ihren ändern. Wir sind bereit, in Freiheit zu geben, damit wir alle zum Geben freigesetzt werden."

Christen, die sich um einen neuen Lebensstil bemühen, werden die in den Kirchen vorhandenen Erfahrungen beachten, die Geschichte der Kirche ist reich an Beispielen gelebter und erprobter christlicher Lebensstile. Wir werden zu überprüfen haben, was sie zur Frage des Verzichts aus der Freiheit des Evangeliums, zur Frage des Fastens oder der Askese beitragen. Hier sind gewiß alte Vorurteile abzubauen; hier werden wir aber auch durch Begegnung und gegenseitigen Austausch neue Bereicherungen erleben und erfahren.

5. Täglich stürmen Informationen aus der ganzen Welt auf uns ein und führen uns den niedrigen Lebensstandard von vielen Millionen Menschen, Hungersnöte, Erdbeben, Unwetterkatastrophen, Krisen und Bürgerkriege vor Augen. Christen sind gemeinsam aufgerufen, diese weltweite Verantwortung wachzuhalten.
Über die Weltgebetswoche um die Einheit der Christen hinaus vereinen sich am Weltgebetstag der Frauen Christen aus verschiedenen Konfessionen und Nationen zum gemeinsamen Wort- und Gebetsgottesdienst. Diese Gottesdienste sind mit ihren Texten, Informationen, Fürbitten und dem Aufruf zum Opfer konkret bezogen auf gemeinsame Projekte in Asien, Afrika oder Südamerika.
Was können unsere Gemeinden hier praktisch tun? An manchen Orten haben sich Arbeitskreise „Dritte Welt" gebildet, in denen sich evangelische und katholische Christen für die Verbesserung der Lebenschancen in Ländern der Dritten Welt durch Informationen, ge-

meinsame Aktionen, Unterhaltung von „Dritte-Welt-Läden" u. a. einsetzen. Sie setzen Orientierungspunkte, entdecken neue Aufgaben und nehmen realisierbare Vorhaben in Angriff.
In der Geschichte unserer Kirchen nach dem Zweiten Weltkrieg sind die großen Aktionen „Misereor", „Adveniat" und „Brot für die Welt" hoffnungsvolle Zeichen weit über ihren finanziellen Ertrag hinaus.

15. Kapitel Missionarische Seelsorge: Besuchsdienst

1. Der Besuchsdienst hat die Funktion einer Brücke – Brücke vom Kern der Gemeinde zu ihren übrigen Mitgliedern, aber auch Brücke von den einzelnen Pfarrangehörigen zu den verantwortlichen Gremien, den Gemeinschaften und Vereinen und den hauptamtlichen Mitarbeitern. Über den Kontakt, über Gespräche und die Vermittlung der nötigen Dienste kann der Besuchsdienst die Voraussetzungen für eine lebendige, brüderliche Gemeinde schaffen.
Der Besuchsdienst ist in der Regel konfessionell ausgerichtet. Er gehört aber auch zu jenen Bereichen, die ein ökumenisches Miteinander gestatten und es im Blick auf bestimmte Situationen bzw. Zielgruppen nahelegen. Im Beschluß der Gemeinsamen Synode der Bistümer in der Bundesrepublik Deutschland über die „Pastorale Zusammenarbeit der Kirchen im Dienste der christlichen Einheit" heißt es:

„Neuzuziehende sollen mit einem gemeinsamen Grußwort empfangen werden, in dem sich die örtlichen Kirchen und kirchlichen Gemeinschaften vorstellen. Kirchliche Mitteilungsblätter können Beiträge und Hinweise aus anderen Konfessionen aufnehmen oder, wo es möglich ist, gemeinsam herausgegeben werden. Auf jeden Fall dürfen sie ökumenischer Gesinnung nicht widersprechen... Die Sorge der Kirchen für die konfessionsverschiedenen Ehepaare und Familien darf nach der Trauung nicht aufhören. Gemeinsamer Besuchsdienst... gehört zu den naheliegenden Möglichkeiten des Kontaktes. Diese Bemühungen sollten zum festen Bestandteil der Gemeindeseelsorge gehören."

Die bisherigen Erfahrungen mit gemeinsamen Besuchsdiensten sind noch spärlich, aber sollten uns Mut machen. Die Schwierigkeiten sind weniger theologischer als praktischer Art: Die Gemeinden beider Konfessionen müssen sich mit der Aufgabenstellung, den Anforderungen und der Organisation eines Besuchsdienstes noch weithin vertraut machen und Erfahrungen sammeln. Deshalb sollte man mit kleinen Schritten beginnen und sich auf ganz bestimmte, überschaubare Zielgruppen beschränken.

2. Die Möglichkeiten und Chancen eines ökumenischen Besuchsdienstes sind in Neubaugebieten am größten. Der kirchliche Dienst, der noch keine örtlichen Traditionen vorfindet, kann ökumenisch begonnen werden; denn die Probleme der Einwurzelung sind für beide Kirchen die gleichen. Es dient der Glaubwürdigkeit beider Kirchen, wenn die Antwort auf die sozialen Nöte in Neubaugebieten zu einem gemeinsamen Zeugnis des Glaubens wird. Deshalb sind die Möglichkeiten ökumenischer Zusammenarbeit hier besonders aussichtsreich. Da in Neubaugebieten die Kenntnis der Gemeindezugehörigkeit zunächst oft fehlt, legt sich ein Besuchsdienst in ökumenischer Form nahe. Wie in anderen Dingen, geht es auch hier gemeinsam leichter. Jeder kann sich angesprochen fühlen.

Ein von den Kirchen gemeinsam ausgerichteter Besuch trifft auf Verständnis und wird von den meisten begrüßt. Der beim Besuch überreichte Begrüßungsbrief der beiden Gemeinden – mit Informationen auch über kommunale Einrichtungen und Dienste – wird ebenfalls dankbar entgegengenommen. Der ökumenische Besuch wird gewöhnlich als Zeichen gewertet, daß man sich über die Konfessionsgrenzen hinweg versteht und zusammenarbeitet.

Der kurze, unverbindliche Erstbesuch sollte nicht beendet werden, ohne anzukündigen, daß man gelegentlich wiederkommen wolle, um nach Befinden, Interessen, Anliegen und Wünschen zu fragen oder neue Informationen bzw. die Einladung zu einer Veranstaltung mitzubringen.

So naheliegend gerade die Zielgruppe der konfessionsverschiedenen Ehepaare für einen ökumenischen Besuchsdienst zu sein scheint, so schwierig ist hier die Aufgabe für die Mitarbeiter. An ihre Eignung (menschliche, christliche Reife; theologisches Wissen) sowie an ihre Fähigkeit, den Standpunkt der anderen Konfessionen zu akzeptieren und einander gut zu ergänzen, werden nicht geringe Anforderungen gestellt.

Wie bei kaum einer anderen Zielgruppe empfiehlt sich hier für den Anfang eine nach dem vermuteten Schwierigkeitsgrad gestufte Auswahl der zu Besuchenden. Oft muß man mit einer großen Bandbreite der Glaubens- bzw. Kirchenentfremdung rechnen, angefangen von völliger Gleichgültigkeit über Informationsmangel und Unwissen bis zur

Verbitterung. Die Standpunkte können unter den Eheleuten selbst wieder sehr unterschiedlich sein. Aber auch auf positive Überraschungen bei den Besuchen darf man gefaßt sein; konfessionsverschiedene Ehepaare können, wie bisherige Erfahrungen zeigen, ein hohes Maß an Aufgeschlossenheit und Gastfreundschaft zeigen, wenn sie sehen, daß die beiden Kirchen sich ihrer besonderen Situation gemeinsam widmen. Wie jeder Besuchsdienst braucht gerade der ökumenische Besuchsdienst bei konfessionsverschiedenen Ehepaaren aufnahmebereite lebendige Gemeinden und Gruppen.

Auch soziale Problemgruppen (Kranke, Einsame, Ausländer, Alte, Obdachlose, Suchtkranke oder Drogengefährdete, Behinderte, Strafentlassene, Angehörige von Strafgefangenen u. a.) können Zielgruppen sein. Hier kommt es auf die Uneigennützigkeit eines jeden Besuchsdienstes, auch des ökumenischen, in besonderem Maße an. Diese Menschen haben oft für Glaubensprobleme oder konfessionelle Unterschiede kaum noch eine Antenne. Es ist ihnen gleich, wer ihnen hilft, wenn ihnen nur wirksam geholfen wird. Hier können wir vor allem im Interesse der Glaubwürdigkeit der Christen ein Zeichen vorbehaltloser Dienst- und Hilfsbereitschaft setzen, können miteinander durch das Betroffensein von der Not, für die niemand zuständig sein will, und an den sich stellenden Aufgaben wachsen. Ferner läßt sich auf diese Weise ein besserer, wirksamerer Einsatz der gemeinsam verfügbaren Kräfte und Mittel erreichen. Gemeinsam sehen, gemeinsam urteilen, gemeinsam handeln, und zwar „für die anderen" — das schafft unersetzliche Bedingungen für die uns aufgetragene Einheit der Jünger Jesu.

3. Bei einem ökumenischen Besuchsdienst müssen die Mitarbeiter manche schwierige Besuchssituation gemeinsam durchstehen, sich bei mehreren aufeinanderfolgenden Besuchen immer wieder ein- und umstellen, Ungewißheit und Überraschung aushalten, sich im Zuhören und Antworten beistehen. All diese gemeinsam erlebten Spannungsmomente, Enttäuschungen und Freuden verbinden und schaffen Partnerschaft. Wie die Erfahrung zeigt, kann solche Partnerschaft rasch und ungezwungen dazu führen, daß der evangelische Mitarbeiter, wenn es zum Gespräch über konfessionelle Unterscheidungen kommt, in fairer Weise die katholische Position erläutert, während der katholische Besucher die evangelische Einstellung begründet. In Anlehnung an die Praxis vieler Besuchsdienstgruppen dürfte sich gerade beim ökumenischen Besuchsdienst eine besonders enge Ver-

bindung von Hausbesuch und Gedankenaustausch in der Mitarbeitergruppe empfehlen. Da die Aufgabe nicht leicht ist und zumindest ein Besuch konfessionsverschiedener Ehepaare viel Takt im Umgang mit dem anderskonfessionellen Gesprächspartner, gründliche Erfahrung und theologisches Wissen erfordert, dürfen eine enge Zusammenarbeit in der Gruppe als Ermutigung, Hilfe und Korrektur empfunden werden. Auf diese Weise trägt der ökumenische Besuchsdienst zugleich zu einer Verlebendigung der örtlichen Gemeinden bei.

4. Anregungen für die Praxis geben zwei Veröffentlichungen der Beauftragten für missionarische Seelsorge der fünf katholischen Bistümer und der drei evangelischen Landeskirchen in Nordrhein-Westfalen:

„Ökumenische Zusammenarbeit in Neubaugebieten". Erarbeitet von der ökumenischen Arbeitsgemeinschaft Missionarische Dienste NRW. Erschienen in: Pastoralblatt für die Diözesen Aachen-Berlin-Essen-Köln-Osnabrück, 12/1970, Kirchliches Amtsblatt der Evangelischen Kirche von Westfalen III. Teil Nr. 4/1971 und als Sonderdruck bei J. P. Bachem Verlag GmbH, Köln.

„Ökumenischer Besuchsdienst in den Gemeinden". Erarbeitet von der ökumenischen Arbeitsgemeinschaft Missionarische Dienste NRW. Erschienen als Studienbrief A 2 als Beilage zu der Zeitschrift „Das missionarische Wort", Heft 3/1976.

Die vorstehenden Ausführungen beziehen sich im wesentlichen auf diese Handreichungen.

16. Kapitel   Schule und Religionsunterricht

1. Der Religionsunterricht als ordentliches Lehrfach an öffentlichen Schulen, wie wir ihn in der Bundesrepublik Deutschland kennen, hat die Chance und den Auftrag, dazu beizutragen, daß in der Schule die Frage nach dem Menschen und seiner Verantwortung für die Welt zu ihrem Recht kommt.
Der Beitrag der Kirche zur Bewältigung dieser Aufgabe liegt darin, daß sie gemäß ihrem Bekenntnis das Evangelium von Jesus Christus in die Auseinandersetzung über diese Frage einbringt.
Wenn man über ökumenische Zusammenarbeit bei Planung, Organi-

sation und Gestaltung des Religionsunterrichts etwas aussagen will, ist es sinnvoll, sich zunächst über die Zielsetzung des Faches Klarheit zu verschaffen.
Die Gemeinsame Synode der Bistümer in der Bundesrepublik Deutschland zeigt folgendes Zielspektrum auf:

„Religionsunterricht soll zu verantwortlichem Denken und Verhalten im Hinblick auf Religion und Glaube befähigen.
Wie kein anderes Schulfach fragt der Religionsunterricht auf der Grundlage reflektierter Tradition nach dem Ganzen und nach dem Sinn des menschlichen Lebens und der Welt. Er erörtert die Antworten, die Menschen heute auf diese Fragen geben und die sie in der Geschichte gegeben haben, und zeigt dabei Mensch und Welt in ihrem Bezug zu Jesus Christus im Licht des kirchlichen Glaubens und Lebens. Auf diese Weise leistet er Hilfe zur verantwortlichen Gestaltung des eigenen wie gesellschaftlichen Lebens. Er führt in die Wirklichkeit des Glaubens ein, hilft sie zu verantworten und macht den Schülern deutlich, daß man die Welt im Glauben sehen und von daher seine Verantwortung in ihr begründen kann.
So verhindert er, daß die Schüler den Lebenssituationen, Strukturen und Tendenzen, den Identifikationsmustern und Weltdeutungen (anderer und den eigenen) fraglos und sprachlos gegenüberstehen. Religionsunterricht soll Scheinsicherheiten aufbrechen, vermeintlichen Glauben ebenso wie gedankenlosen Unglauben. Damit kann einer drohenden Verkümmerung des Pluralismus zu ‚wohliger Indifferenz' gewehrt werden.
Dem gläubigen Schüler hilft der Religionsunterricht, sich bewußter für diesen Glauben zu entscheiden und damit der Gefahr religiöser Unreife oder Gleichgültigkeit zu entgehen. Dem suchenden oder im Glauben angefochtenen Schüler bietet er die Möglichkeit, die Antworten der Kirche auf seine Fragen kennenzulernen und sich mit ihnen auseinanderzusetzen. Er kann somit seine Bedenken und Schwierigkeiten in den Erkenntnisprozeß einbringen. Dem sich ungläubig betrachtenden Schüler, der sich vom Religionsunterricht nicht abmeldet, ist im Religionsunterricht Gelegenheit gegeben, durch die Auseinandersetzung mit der Gegenposition den eigenen Standort klarer zu erkennen oder auch zu revidieren.
Dabei geht es im Religionsunterricht nicht nur um Erkenntnis und Wissen, sondern ebenso um Verhalten und Haltung. Die Antworten des Glaubens haben Prägekraft. Aus ihnen ergeben sich Modelle und Motive für ein gläubiges und zugleich humanes Leben. Der Religionsunterricht macht infolgedessen auch ein Angebot von Bewältigungsmustern des Lebens – zur freien Aneignung durch den Schüler und zur Vorbereitung einer mündigen Glaubensentscheidung" (Beschluß der Gemeinsamen Synode der Bistümer in der Bundesrepublik Deutschland).

Aus diesem Zielspektrum ergibt sich die Notwendigkeit, daß man im Religionsunterricht mit den Schülern unter Berücksichtigung ihrer Verstehensbedingungen auch über andere Konfessionen und Religionen sprechen muß.
Die christlichen Konfessionen dürfen dabei nicht nur wie andere Religionen als Gegenstände „distanzierter Betrachtung", als Gegenstände von Erkenntnis und Wissen genommen werden; die christlichen Konfessionen sind eine Thematik für die Entwicklung von Verhalten und Haltung zu denen, die einander durch die Taufe verbunden sind.

„Die radikalsten Fragen an die Glaubenden richten sich heute sowieso nicht an das Unterscheidende von katholischem und evangelischem Glauben, diese Fragen gelten vielmehr dem Grund des christlichen Glaubens überhaupt. Aber dieser Grund wird nicht dort ohne weiteres am besten erreicht, wo man die Konturen zwischen den bestehenden Konfessionen verwischt, sondern dort, wo man sich von klaren Positionen aus für das Gemeinsame der Konfessionen öffnet" (Beschluß der Gemeinsamen Synode der Bistümer in der Bundesrepublik Deutschland).

Der Religionsunterricht in der wissenschaftsorientierten Schule hat als wesentliche Bezugswissenschaft die jeweilige Theologie. Der evangelische Religionsunterricht und der katholische Religionsunterricht stellen auch aus diesem Grund zwei eigenständige Fächer dar, die in vielfacher Hinsicht verwandt sind.
Das Grundgesetz der Bundesrepublik Deutschland sagt in Artikel 4, daß der Religionsunterricht ordentliches Lehrfach der Schulen ist und „in Übereinstimmung mit den Grundsätzen der Religionsgemeinschaft" erteilt wird. Unsere Kirchen haben wiederholt festgestellt, daß der hier angezogene Verfassungsartikel sich aus den Grundrechten und Grundwerten dieser Verfassung ergibt, die zentral auch die Freiheit der religiösen Anschauungen (GG Art. 3), „die Freiheit des Glaubens, des Gewissens und die Freiheit des religiösen und weltanschaulichen Bekenntnisses" (GG Art. 4) schützt.
Aus der durch die Verfassung geschützten Rechtsgrundlage des Religionsunterrichts ergibt sich, daß dieses Fach nur unter angemessener Beteiligung der betreffenden Kirchen durchgeführt und damit nur in eindeutiger konfessioneller Ausprägung gestaltet werden kann. Ein überkonfessioneller, multikonfessioneller oder interkonfessioneller Religionsunterricht genießt nicht den Schutz der Verfassung, sofern

er Schüler verschiedener Bekenntnisse prinzipiell und auf Dauer in einem Unterricht zusammenführt.
Die vierte Synode der Evangelischen Kirche in Deutschland vom 12. November 1971 „legt Wert darauf festzustellen, daß in der Bundesrepublik der Religionsunterricht als Bestandteil der öffentlichen Schulen verstanden und weiterentwickelt wird. Er wird vom Staat veranstaltet, der die unter Mitwirkung der Kirche erarbeiteten Richtlinien erläßt."
Vor diesem Hintergrund wird man für die Zusammenarbeit bei Planung, Organisation und Gestaltung des Religionsunterrichts ähnliche Regelungen suchen müssen wie für die Zusammenarbeit der Kirchen selbst:

— Ein von gegenseitiger Achtung getragenes Denken und Handeln muß auch im Religionsunterricht zum Ausdruck kommen.
  Der Religionsunterricht muß prinzipiell von ökumenischer Gesinnung getragen sein.
— Zwischen unseren Kirchen ist eine gegenseitige Hilfe in schwierigen Situationen (z. B. Gottesdiensträume werden gegenseitig zur Verfügung gestellt) selbstverständlich. Deshalb sollte auch im Religionsunterricht gegenseitige Hilfe und in Ausnahmesituationen Vertretung möglich sein.
— Gegenseitiges Verstehen hat zur Voraussetzung, daß man einander kennt. Deshalb sollte auch der Religionsunterricht bei gemeinsam interessierenden Themen und Aktionen in der Weise zusammenarbeiten, daß die Schüler gelegentlich eine gemeinsame Stunde in Gegenwart beider Religionslehrer haben.
— Theologen beider Kirchen suchen oft im Austausch über die Konfessionen hinweg nach Antworten. Deshalb sollte auch die wissenschaftliche Religionspädagogik so kooperieren, daß sie bei der Erarbeitung und Auswertung wissenschaftlicher Ergebnisse Beziehungen aufnimmt und ausbaut.
— Unsere Kirchen arbeiten im schulpolitischen Raum weitgehend zusammen. Sie haben in Nordrhein-Westfalen eine gemeinsame Schulkommission gebildet. Darüber hinaus gibt es auch bei der Entwicklung von Curricula für den Religionsunterricht Kooperationen in der Weise, daß Lehrplankommissionen im regen Austausch miteinander stehen und daß bei der Entwicklung von Lehr- und Lernmitteln über die gegenseitige Kenntnisnahme der Probleme hinaus Kooperationsformen gesucht werden.

Die hier angesprochenen Formen der Zusammenarbeit erlauben jedoch nicht einen sogenannten ökumenischen Religionsunterricht, weil christlicher Glaube es der Sache nach unabdingbar mit Bekenntnis zu tun hat.

„Bekenntnis erfolgt nicht nur im Bereich von Dogma und Credo. Es drängt auf ganzheitlichen Ausdruck. Es wirkt sich aus in liturgischen Formen wie in Lebensäußerungen, in Ethos wie in Diakonie. Solch ein umfassend verstandenes Glaubensbekenntnis – ohne das der Glaube nicht sein kann, was er zu sein beansprucht –, ist aber an die lebendige Glaubensgemeinschaft gebunden. Greifbar ist es immer nur in seiner jeweiligen konkreten, geschichtlich-kulturellen Ausprägung. Das Bekenntnis ist nicht nur Sache eines einzelnen, sondern immer auch einer Gemeinschaft. Glaube ist, soziologisch gesehen, ‚Wissen durch Mitgliedschaft'" (Beschluß der Gemeinsamen Synode der Bistümer in der Bundesrepublik Deutschland).

2. Die Bistümer Paderborn und Münster und die Evangelische Kirche von Westfalen haben seit vielen Jahren Dienste der Kirche an Schulen eingerichtet.
Viele Schulen besitzen weder innere noch äußere Bindungen an eine Pfarrgemeinde. Manche Schüler sind innerlich aus den Kirchen ausgewandert. Die Notwendigkeit einer Schüler- bzw. Schulseelsorge ist wieder neu erkannt.
Die Schulen erweisen sich als ziemlich eigenständige Lebensräume. Sie werfen Probleme auf und stellen Aufgaben, die eine Schülerseelsorge im Raum der Schule als sinnvoll erscheinen läßt, sofern Schüler, Eltern und Lehrer sie wünschen und mittragen.
Die Schüler erleben die Auflösung fester Bezugsgruppen, einen starken Leistungsdruck und einen Pluralismus. Die Gefühle von Einsamkeit, Orientierungslosigkeit, Sinnlosigkeit verstärken sich. So schälen sich drei Schwerpunkte einer Schülerseelsorge heraus:

– Bemühen um eine menschliche Schule,
– Ergänzung des Religionsunterrichtes,
– Hilfe bei der Suche nach sinnvollem Leben und Glauben.

In mehreren Bereichen kooperieren die Evangelische Kirche von Westfalen und die Bistümer Paderborn und Münster. So wie der Religionsunterricht konfessionell erteilt wird, werden auf konfessioneller Basis Tage religiöser Orientierung, Exerzitien, Wochenendtagungen zu Gottesdienstgestaltung und Ferienkurse angeboten. In dieser Art der Arbeit geht es mehr um die Person als um Sachthemen. Die Schüler können ihren Glauben klären und vertiefen; konkret einüben werden sie ihn vor allem in ihren Gemeinden.

In der Trägerschaft beider Kirchen werden religiöse Schulwochen und Studientagungen durchgeführt. Die religiösen Schulwochen spiegeln die Entwicklung der Zusammenarbeit wider. Früher arbeiteten die Referenten parallel: getrennte Gesprächskreise der Schüler, der Eltern, getrennte Gottesdienste. Eine Podiumsdiskussion über ökumenische Fragen gehörte zum Wochenprogramm.

Heute gehen die Referenten jeweils in die Gruppe, in der die meisten Schüler ihrer Konfession sind. Die Schüler fragen selten nach Konfessionsunterschieden. Oft wollen sie sie nicht mehr wahrhaben. Sie fragen nach Glaube und Gott, nach Sinn und geglückter menschlicher Beziehung. – Die Elternabende sind gemeinsam. Während der Woche werden ökumenische Wortgottesdienste gefeiert. Für das Ende der Woche bereiten die evangelischen Schüler eine Abendmahlsfeier, die katholischen Schüler eine Meßfeier vor.

Durch die religiösen Schulwochen haben die beiden Kirchen in gemeinsamer Arbeit die Schulen immer wieder an ihren Erziehungsauftrag erinnert. In ökumenischer Zusammenarbeit haben sie Schülern, Lehrern und Eltern in diesen religiösen Schulwochen verdeutlicht, daß alle Erziehungsarbeit an Werte gebunden ist.

Die Studientagungen werden häufig gemeinsam in Bildungsstätten der beiden Kirchen gestaltet. Die Schülergruppen sind in der Regel so groß, daß Referenten beider Kirchen benötigt werden.

3. Das Verhältnis zwischen Schule und Elternhaus und – damit verbunden – Fragen der Erziehung und Bildung bekommen in der letzten Zeit ein immer größer werdendes Gewicht. Die Frage nach sachgemäßer Mitbestimmung bzw. Mitwirkung aller an der Schule beteiligten Gruppen – Lehrer, Eltern, Schüler – steht im bildungspolitischen Raum und bedarf der Lösung. Besonders die Eltern müssen vielfach noch befähigt werden, ihren entsprechenden Beitrag an der organisatorischen und inhaltlichen Gestaltung des Schulwesens zu leisten und die ihnen vom Gesetz zugestandenen Rechte wahrzunehmen. Erfreulicherweise ist ein Bewußtseinswandel bei vielen Erziehern festzustellen. Sie sehen ein, daß bloße Wissensvermittlung und funktionalistische Ausbildung der Kinder und Jugendlichen für die Bewältigung der zukünftigen Lebensaufgaben nicht genügen. Die Erwar-

tung, daß große Systeme die Bildungsnot beseitigen würden, hat sich nicht erfüllt. Organisatorische Änderungen des Schulwesens sind weithin unwirksam geblieben. Das Prinzip der Verwissenschaftlichung des Unterrichts scheint zu einseitig verfolgt worden zu sein. Viele Bildungspolitiker stellen sich die Frage, ob nicht eine „Reform der Bildungsreform" dringend erforderlich sei.
Das Wort vom „Streß in der Schule" geht um. Kinder und Jugendliche sind der Institution Schule ausgeliefert, von der lebensentscheidende Berechtigungen und Qualifikationen vergeben werden. Rang, Ansehen und weiterer Lebensweg eines Menschen hängen vielfach von den jeweiligen Schulabschlüssen ab. Angesichts einer dadurch inhuman erscheinenden Schule beginnt man wieder, den Anspruch des jungen Menschen auf eine umfassende personale Bildung und Erziehung zu sehen.
Über diese grundsätzlichen Überlegungen hinaus besteht bei Eltern das Bedürfnis, Antwort auf konkrete pädagogische Tagesprobleme zu erhalten, z. B.:
Wie ist eine Kooperation von Eltern und Lehrern bei der schulischen Sexualerziehung möglich?
Welche Ursachen sind bei Lern- und Leistungsschwierigkeiten bestimmend, wie können Fehlentwicklungen reguliert werden?
Wie sind Konzentrationsstörungen zu beheben? Wie sieht pädagogische Hausaufgabenhilfe im Elternhaus aus?
Welche Bildungsmöglichkeiten und Bildungswege gibt es in Nordrhein-Westfalen?
Ein solches Spektrum von Themen, das von grundsätzlichen pädagogischen Fragestellungen bis hin zu konkreten Erziehungs- und Bildungsproblemen reicht, muß ein Elternbildungs- und Elterninformationsangebot der beiden Kirchen umfassen.
Pädagogische Bildung und Information der Eltern sind zur Verwirklichung der Forderung nach Chancengerechtigkeit für alle Kinder von entscheidender Bedeutung. Dabei müssen auch die Eltern bedacht werden, die sich bisher Erziehungsproblemen gegenüber teilnahmslos gezeigt haben. Hier sind entsprechende Anstrengungen erforderlich, damit durch Motivation und Aufklärung Interesse bei bildungsgleichgültigen Eltern geweckt wird. Die Kirchen haben sich grundsätzlich an der Sorge der Eltern zu beteiligen, ihre Kinder wirklichkeitsgerecht zu erziehen.
Ein Elternbildungsangebot kann sich an die Klassen und Schulpflegschaften richten, um deren Veranstaltungen sinnvoll und effektiv im

Sinne einer positiven Zusammenarbeit zwischen Elternhaus und Schule zu gestalten.

Träger solcher Veranstaltungen sind die oben genannten Klassen- und Schulpflegschaften. Die Zusammensetzung der Pflegschaften in den Schulen von heute ist fast ausnahmslos konfessionell gemischt. Aufgrund dieser Tatsachen ergibt sich ganz selbstverständlich, daß die entsprechenden Veranstaltungen nicht nur einem konfessionell bestimmten Teil der Elternschaft angeboten werden müssen, sondern allen Eltern.

Hinzu kommt, daß die angebotenen Themen, weil sie pädagogische Bereiche betreffen, Erziehungsprobleme umfassend behandeln. Hier werden Aspekte gemeinsamer christlicher Erziehung eingebracht, die von Mitgliedern beider Konfessionen gemeinsam vertreten werden können.

Heute sind verantwortungsbewußte Christen in der Sorge einig, daß die Schule immer mehr in die Gefahr gerät, entchristlicht zu werden. Auch deshalb richtet sich das Angebot unserer Kirchen ausnahmslos an alle Eltern einer Schule.

Insbesondere besteht die Möglichkeit zur Kooperation über den Pfarrgemeinderat und das Presbyterium. Innerhalb dieser Gremien werden vielfach Sachausschüsse für den Bereich Schule und Erziehung eingerichtet bzw. entsprechende Sachbeauftragte benannt. Dieser Personenkreis erhält von den Schulabteilungen Informations- und Arbeitsmaterial zur Unterstützung einer schulbezogenen Elternbildungsarbeit. Das Material läßt sich für die konkrete Gemeindesituation verwenden.

Beide Kirchen haben in wichtigen Dokumenten auf eine Zusammenarbeit zwischen katholischen und evangelischen Christen im Bereich der Erziehung hingewiesen.

So stellt die Gemeinsame Synode der Bistümer in der Bundesrepublik Deutschland fest:

„Die Pluralität in der Weiterbildung und die gemeinsame Verantwortung aller Träger erfordern die Zusammenarbeit der Einrichtungen in katholischer Trägerschaft untereinander sowie mit anderen Bildungseinrichtungen und mit Einrichtungen anderer Bildungsbereiche. Dem Anliegen der Ökumene soll hierbei besonders Rechnung getragen werden."

Die vierte Synode der Evangelischen Kirche in Deutschland 1971 fordert:

„... die Deutsche Evangelische Arbeitsgemeinschaft für Erwachsenenbildung und den Evangelischen Arbeitskreis für Familienbildung und Familienberatung zu veranlassen, gemeinsam und in Zusammenarbeit mit den Sachverständigen und Trägern nichtevangelischer Erwachsenenbildung einen ‚Rahmenplan für Elternbildungsarbeit' vorzulegen, in dem die Möglichkeiten zentraler Planung, die Notwendigkeiten der regionalen Arbeit und Modelle für die Durchführung dargestellt werden."

17. Kapitel   Freizeit und Urlaub

1. „Das Ausmaß an freier Zeit hat in den letzten hundert Jahren für viele zugenommen. In Deutschland umfaßte 1870 die effektive Arbeitszeit in der Woche 78 Stunden. Heute ist sie um 38 Stunden verkürzt. Für viele Arbeitnehmer beginnt das Wochenende am Freitagnachmittag. Der Jahresurlaub bietet einer großen Mehrzahl von Mitbürgern ein- oder zweimal im Jahr arbeitsfreie Zeit. Nicht vergessen sei die neue Möglichkeit des ‚Bildungsurlaubs'. Auch die ‚gleitende Arbeitszeit' hat dort, wo sie zu realisieren war, manche Erleichterung gebracht" (Julius Kardinal Döpfner: „Die Kirche und der Mensch in der Freizeit").

Die von Gott dem Menschen gegebene Zeit umfaßt Arbeit und Ruhe. In beidem soll sich das Leben des Menschen verwirklichen. Arbeit und Freizeit sind Gottes Geschenk und Gabe. Bleibt die Kirche ihrem Auftrag treu, so wird sie sich stets dafür einsetzen müssen, daß die Ruhe von der Arbeit in Gestalt konkreter Freizeit dem Menschen als Schöpfungsgabe Gottes erhalten bleibt. Die Verkündigung der durch Christus geschenkten Freiheit und die Freude darüber sollte einen festen Platz in den Gottesdiensten und kirchlichen Veranstaltungen haben. Jedoch wird die Kirche auch daran erinnern, daß diese Freiheit im Umgang mit der Zeit nicht mißbraucht werden darf.

2. Kurgäste nehmen in einem Heilbad die kirchlichen Einrichtungen erfahrungsgemäß in einem hohen Prozentsatz in Anspruch. Plötzliche Krankheit, die den Besuch eines Sanatoriums notwendig macht, der Übergang von beruflichem Streß in die Ruhe und der Wunsch, sich mit seinen Problemen auszusprechen, bewirken eine Nachfrage nach Seelsorge und Beratung, nach menschlicher Begegnung, nach Beschäftigung mit Fragen des Glaubens und Lebens. Krankheitszustände, in denen Schwierigkeiten der Lebensbewältigung eine Rolle

spielen, haben zugenommen. Wo Menschen zur Besinnung finden, brechen oft ungelöste oder im Alltag verdrängte persönliche, familiäre, berufliche oder religiöse Konflikte auf, die nicht selten auch zu den Ursachen der Erkrankung gehören. Hier bedarf der Kurgast der besonderen seelsorgerlichen Beratung und Begleitung der Kirche. Aller Dienst der Kirche am Kurort zielt auf das neue Leben in Christus und damit auf die Hoffnung, die auch dann gilt, wenn eine Heilung nicht zu erwarten ist. Der Kurgast begegnet am Kurort der Kirche in Gestalt der konfessionsbestimmten Ortsgemeinden. Dabei kommen immer mehr Menschen zur Kur, die daheim zu keiner Pfarrgemeinde mehr Zugang finden. Wo sie den Dienst der Kirche in Zusammenarbeit der Konfessionen erfahren, wird das kirchliche Angebot nicht nur leichter zugänglich, sondern auch überzeugender, während Uneinigkeit dem einzelnen den Vorwand gibt, der Glaubensentscheidung auszuweichen. Eine enge Kooperation in der Kurseelsorge am Ort ist unumgänglich. Wenn konfessionelle Unterschiede dabei nicht verwischt werden, dient das dazu, die Menschen wieder in ihrer Kirche zu beheimaten. In der Sicht vieler Kurgäste hat gerade die ökumenische Zusammenarbeit in der Kurseelsorge den Anstoß gegeben, sich wieder religiösen Problemen zuzuwenden.

Nach dem Zweiten Weltkrieg ist die Kurseelsorge unserer Kirchen vor allem in den ostwestfälisch-lippischen Heilbädern ausgebaut worden. Sie war von Anfang an ökumenisch geprägt und umfaßt Verkündigungsdienste bei den „Brunnenandachten", Vorträge und Gespräche, Hilfe in der Seelsorge und Beratung, Orgelvespern und Offenes Singen. Es scheint, daß die Zusammenarbeit der örtlichen Pfarrer und Kirchengemeinden in der missionarischen Situation des Kurortes leichter fällt als in traditionellen Gemeinden. Auch gegenüber den zuständigen Stellen im Kurbereich kann die Kurseelsorge gemeinsam wirkungsvoller vertreten werden. Schließlich werden die vorhandenen Gaben, Kräfte und finanziellen Mittel in ökumenischer Arbeitsteilung effektiver eingesetzt.

3. Auf den Campingplätzen im Sauerland, Münsterland und an der Weser geschieht ökumenische Zusammenarbeit. Nicht selten kommen auf Campingplätzen evangelische und katholische Teams gleichzeitig zum Einsatz. Die Zusammenarbeit umfaßt zunächst den Bereich der Freizeitgestaltung. So steht der Campingkindergarten allen Kindern zwischen fünf und zehn Jahren offen und bedeutet für die Mütter eine dankbar empfundene Entlastung. Gemeinsame Kinder-

feste finden ein positives Echo. Ältere Kinder und Jugendliche beteiligen sich in großer Zahl am Basteln und Werken vom gestalterischen Verarbeiten mit Papier bis zur Arbeit mit Emaille, Ton und Glas. In Verbindung mit einem Abendspaziergang nehmen viele Personen an einem Lagerfeuer teil. Hier wird nicht nur gesungen, sondern auch ein Abendgebet gesprochen. An anderen Tagen finden „Spiele mit Pfiff", vergleichbar dem aus dem Fernsehen bekannten „Spiel ohne Grenzen", statt. Folklore- und Unterhaltungsabende – getragen von musikalisch talentierten jungen Leuten aus dem Team – sind meist überfüllt. Die Anstöße, die durch die praktizierte Ökumene auf Campingplätzen gegeben werden, zeigen deutlich, daß sich gerade Urlauber für religiöse Fragen interessieren. Gespräche mit bestimmten Gruppen, z. B. mit den Strafgefangenen der Offenen Justizvollzugsanstalt Attendorn, wirken sich positiv aus. Besonders beachtet wird auch die Beteiligung von Chören und Musikgruppen aus den umliegenden katholischen und evangelischen Kirchengemeinden.

Viele Urlauber gewinnen während ihres Aufenthaltes auf dem Campingplatz eine neue Offenheit für den Gottesdienst. Deshalb steht im Mittelpunkt der ökumenischen Zusammenarbeit die Einladung zum Gottesdienst, wie ihn die Kirchen in gegenseitiger Absprache auf den Campingplätzen feiern. Es ist verständlich, daß es dem Camper dabei oft schwer fällt, die konfessionelle Trennung im Gottesdienst zu verstehen. Er möchte die auf dem Platz erfahrene Gemeinschaft auch hier verwirklichen und fortsetzen können. Um so wichtiger ist es, gut vorbereitete ökumenische Gottesdienste in der Woche, etwa am Donnerstagabend, anzubieten. Gerade in den anschließenden Gesprächen ist Gelegenheit, die Last der Trennung, aber auch die gemeinsame Hoffnung auf die verheißene Einheit (Joh 17, 21) bewußt zu machen.

Im April 1975 verliehen der Deutsche Campingclub und die Stadt Essen anläßlich der Caravan '75 der evangelischen und katholischen Campingseelsorge gemeinsam den Deutschen Campingpreis 1975. Wenn es in der Verleihungsurkunde heißt: die Camping-Pastoral bzw. die „Kirche unterwegs" habe sich „durch vielfältige, weit über ihre seelsorgerliche Arbeit hinausgehende Aktivitäten im Bereich der Camping- und Caravantouristik um die erholungssuchenden Menschen in unserem Lande in beispielhafter Weise verdient gemacht", so ist diese Würdigung des selbstlosen Einsatzes vieler kirchlicher Mitarbeiter zugleich auch eine Auszeichnung der gemeinsamen Arbeit beider Kirchen.

4. Im Ruhrgebiet sind seit etwa 1967 die „Revierparks" entstanden, große Anlagen mit einem vielfältigen Angebot von Möglichkeiten, Freizeit am Feierabend oder am Wochenende in der Nähe der Wohnung zu verbringen. Die Kirchen haben sich an dem Programm dieser Tageserholungsanlagen beteiligt. Sie bieten in den Freizeitzentren „Gysenberg" bei Herne und „Nienhauser Busch" bei Gelsenkirchen wie schon vorher im Dortmunder „Westfalenpark" Gottesdienste, Informationsveranstaltungen und diakonische Dienste an. Ausstellungen etwa zu den Themenbereichen „Mensch und Kirche im Revier" oder „Gemeinsam handeln – brüderlich teilen" gehören zu den vielfältigen Aktivitäten, die die Kirchen in ökumenischer Zusammenarbeit während des Jahres für die zahlreichen Besucher anbieten. Dazu kommen von Fachleuten geleitete Elterngespräche zu Erziehungsfragen, Veranstaltungen für die ganze Familie und das traditionelle Weihnachtssingen, für viele ältere Leute die einzige Möglichkeit, während der Weihnachtszeit in der Gemeinschaft fröhliche Stunden zu verbringen.

5. Die Zunahme der Urlaubsreisen ins Ausland bringt evangelische und katholische Christen nicht nur in fernste Länder, sondern auch in eine oft ganz anders religiös geprägte Landschaft. Die Sprachprobleme sowie die kulturellen und politischen Unterschiede verhindern nicht selten echte Begegnungen mit der ansässigen Bevölkerung. Zur sprachlichen Diaspora kommt oft die religiöse. Dabei liegt gerade im Auslandstourismus die Chance, Anregungen aufzunehmen und nach der Rückkehr im Gemeindeleben fruchtbar werden zu lassen. Die Kirchen stehen hier vor Aufgaben, die nur in ökumenischer Zusammenarbeit gelöst werden können. Die Studienreisen kirchlicher Veranstalter bieten bereits Modelle bewußter Begegnung mit den Kirchen des Gastlandes. Daneben sorgen das Katholische Auslandssekretariat und das Kirchliche Außenamt der Evangelischen Kirche in Deutschland an vielen europäischen Urlaubsorten für Gottesdienste und Seelsorge in der Muttersprache. Zu wenig geschieht jedoch in unseren Gemeinden, um ins Ausland reisende Urlauber rechtzeitig auf Mentalität, Geschichte und Besonderheit der dortigen Kirchen vorzubereiten und zur Begegnung mit der weltweiten Christenheit, mit Weltreligionen, verschiedenen politischen und kulturellen Lebenskreisen und Problemen der Entwicklungsländer zu befähigen. Wir ermutigen deshalb unsere Gemeinden ausdrücklich zu regelmäßigem Erfahrungsaustausch und praktischer Kooperation.

18. Kapitel Zeugnis gegenüber den Sekten

1. Zeiten tiefgreifender geschichtlicher Umbrüche, geistiger und religiöser Krisen haben sich immer wieder als fruchtbarer Boden für die Belebung des Sektentums erwiesen. In allen Epochen der Kirchengeschichte hat es sektiererische Abspaltungen gegeben. Keine der großen Konfessionen ist davon verschont geblieben. Unsere Zeit jedoch ist gekennzeichnet durch eine vermehrte Sektenbildung und deren verstärkte Expansion. Die Zahl der Erscheinungsformen, namentlich der neuen Sekten, ist kaum überschaubar, die Kraft der Werbung nicht zu unterschätzen. Ihre Lehren, Gemeinschafts- und Kultformen weisen eine verwirrende Vielfalt auf. Das allen Gemeinsame läßt sich kaum analysieren und typisieren. Unseren Kirchen fällt es deshalb schwer, einen einheitlichen Sektenbegriff zu definieren. Die Kriterien erweisen sich als von zu unterschiedlicher Art. Allgemein läßt sich sagen, daß die Sekten religiöse Sondergemeinschaften sind, die in grundlegenden Punkten ihrer Lehre und Verkündigung von Volks- und Freikirchen abweichen. Die von diesen Kirchen bewahrten und vollzogenen christologischen Heilstatsachen werden im Gesamtbezug nicht angenommen. Sekten sind nicht Kirche im Sinne einer sichtbaren Universalkirche. Da sie sich von der ökumenischen Bewegung aufgrund ihres Selbstverständnisses ausschließen, außerdem im Raum unserer Kirchen eine intensive Werbetätigkeit betreiben, stellen sie für uns in mannigfacher Hinsicht eine echte Herausforderung dar.

2. Motive eines religiös interessierten Menschen für die Zugehörigkeit zu einer Sekte können u. a. sein: die Radikalität und Ernsthaftigkeit des praktischen Glaubenslebens (gegen geistliche Lauheit und Verbürgerlichung); Bewußtsein der Heilsgemeinschaft als Elite (Befreiung von Angst und Ungewißheit durch ein Entscheidungs-, Kontroll- und Mitwirkungsrecht beim Heil); Heilsgewißheit durch Bekehrung und „Wiedergeburt"; Volkstümlichkeit und Lebensnähe, intensives Gruppenerlebnis; die Förderung und Pflege der irrationalen Sphäre (gegen Rationalismus und Wissenschaftsgläubigkeit); die einseitige Betonung der Heilig-Geist-Lehre (Charisma als Stütze des Selbstwertgefühls und Befriedigung der Sehnsucht nach der Nähe Gottes); die Vorliebe für die Eschatologie (Zeitstimmung, Zukunftsängste, Ausweglosigkeit); die brüderlich-familiäre Gemeinschaft (ge-

gen Anonymität und Massendasein); Sehnsucht nach innerer und äußerer Heilung; Suche nach Idealen und festem Halt.
Wir glauben, daß uns in der Vollgestalt der christlichen Offenbarung die Fülle jener Heilsgüter angeboten wird, nach denen die Menschen gerade auch unserer Zeit verlangen (vgl. Dokumente der Vollversammlungen des Weltkirchenrates; die Pastorale Konstitution des II. Vatikanischen Konzils und das Beschlußdokument der Gemeinsamen Synode der deutschen Bistümer: Unsere Hoffnung – Ein Bekenntnis zum Glauben in unserer Zeit). Gerade darum erfahren wir die Sekten als harte Anfragen an uns. Wir müssen eingestehen, daß es unseren Kirchen nicht immer gelungen ist, Heilswahrheiten als verständliche Antwort auf Fragen und Nöte zu erschließen. Daher kann es vorkommen, daß einzelne christliche Lehrinhalte und Lebensformen hier und dort in außerkirchlichen religiösen Sondergemeinschaften überzeugender als in mancher Gemeinde vertreten werden.

3. Um so ernsthafter haben die Kirchen heute ihre Verkündigungs- und Seelsorgepraxis zu überprüfen. Sie können den zahlreichen und vielfältigen Herausforderungen durch die Sektenwelt nur durch selbstkritische und wahrhaft christliche Grundhaltungen begegnen. Jede Art von billiger Apologetik und persönlicher Intoleranz im Umgang schadet dem Evangelium und der Sache Christi. Statt dessen tun Einkehr, Umkehr und von Fall zu Fall Reformen in unseren Kirchen not, ohne daß sie durch Anpassung und durch oberflächliche Angleichung an den jeweils herrschenden Trend des Zeitgeistes das mit dem Heilswerk Jesu Christi gegebene Ärgernis verraten.
Beide Kirchen sind sich einig, daß ein erster wesentlicher Schritt zur Begegnung mit den Sekten in einer breitgestreuten, sachgerechten Information über Wesen, Ziele und Praktiken der einzelnen Sekten besteht. Die Wege und Weisen einer möglichen und wirksamen Information sind vielfältig. Es können sein: gemeinsame Informationsveranstaltungen, Schaukasteninformation, Flugblattaktionen, Bekanntmachen von Erfahrungen mit solchen Gruppen. Gegebenenfalls sind Beschwerden bei staatlichen Behörden erforderlich, wie z. B. dem Amt für öffentliche Ordnung (bei unerlaubter Werbetätigkeit und -sammlungen), dem Finanzamt, Gewerbeamt, Jugendamt. Vor allem aber sollten die Kirchen prüfen, wie einsame, im Glauben schwankende oder über die Kirche verärgerte Menschen, in Schwierigkeiten geratene Jugendliche, gefährdete Familien Hilfe finden. Unwissenheit und Oberflächlichkeit bei Kirchenmitgliedern, politische Konstella-

tionen, ideologische Vorurteile innerhalb unserer Kirchen verlangen nach klaren Antworten. Wir müssen uns bemühen, den schon begonnenen Informationsaustausch über das Sektenwesen zu aktivieren, und uns gegenseitig mit Rat und Tat beistehen. Wir wissen uns eins in der Überzeugung, daß das Ziel der Auseinandersetzung mit den Sekten nicht die Macht der Kirchen sein kann, sondern das „Hinwachsen zu ihm, der das Haupt ist, Christus" (Eph 4, 15). Wir wissen aber auch, daß wir zu einer weltweiten geistigen Prophylaxe aufgerufen sind, die entscheidend im glaubwürdigen Zeugnis der Christen besteht, damit durch die Einheit einer Kirche Jesu Christi die Einheit der Menschheit wachsen kann.

19. Kapitel   Konversion unter ökumenischem Aspekt

1. Durch den Wandel des Verhältnisses der Konfessionen zueinander und die neu erfahrene Gemeinschaft zwischen den Kirchen ist die Frage der Konversion heute in einen ökumenischen Zusammenhang gerückt. In der Öffentlichkeit wird der Sinn einer Einzelkonversion oftmals nicht mehr verstanden oder aber als im Grunde belanglose Formalität gedeutet. Die Zahl der Konversionen ist in den letzten Jahren in unseren beiden Kirchen erheblich zurückgegangen. Dafür gibt es viele Gründe. Von ihnen seien nur folgende genannt:
Das II. Vatikanische Konzil hat in seiner Lehre von der Kirche auch die ekklesialen Elemente und die geistlichen Güter in den anderen Kirchen anerkannt. Es hat der Überzeugung Ausdruck gegeben, daß die erstrebte Einheit der Kirche noch vor uns steht. Durch die Verabschiedung des neuen Mischehenrechts und die ausdrückliche Betonung der Religionsfreiheit sind für viele Christen veränderte Bedingungen für das Leben mit der Kirche geschaffen worden. In beiden Kirchen werden die Charismen und das Einheitsband der gegenseitig anerkannten Taufe neu gewürdigt. Freilich läßt sich auch sowohl bei den evangelischen wie bei den katholischen Christen ein tiefgreifender Prozeß der Relativierung der konfessionsspezifischen Lebensgestaltung aus dem Glauben ihrer Kirche beobachten.

2. Unter einer Konversion verstehen wir den öffentlich erklärten Übertritt eines einzelnen Christen von einer zu einer anderen christlichen Konfession mit der entsprechenden Aus- und Eingliederung von

der einen in die andere konkrete Kirche. Der eigentliche Beweggrund einer Konversion besteht in der Erkenntnis, daß die Offenbarungs- und Glaubenswahrheiten, die für das persönliche Heil als entscheidend angesehen werden, am getreuesten in der Wirklichkeit der anderen Kirche bewahrt sind. Es besteht dann die innere Pflicht, dieser Überzeugung durch den Anschluß an diese Kirche Ausdruck zu geben.
Die Kirchen sind sich bewußt, daß eine solche Gewissensentscheidung auch im sogenannten ökumenischen Zeitalter unbedingt zu respektieren ist, selbst wenn damit schmerzliche Belastungen für die eine oder andere Seite verbunden sind. Sie können jedoch kein positives Verständnis jenen Konversionen entgegenbringen, die offenkundig motiviert sind durch reine Opportunitätsgründe, durch Nachgiebigkeit gegenüber äußerem Druck aus Familien- oder Bekanntenkreis, durch Verärgerungen über andere Kirchenmitglieder oder über bestimmte konkrete Haltungen und Entscheidungen der Kirche, die nicht unmittelbar deren Bekenntnis und Selbstverständnis tangieren, oder durch die Weigerung, auf die Dauer eine kritische Funktion in der eigenen Kirche wahrzunehmen.

3. Eine echte Konversion kann neue Impulse zur Suche der Wahrheit auslösen. Die Kirche, die verlassen wird, fühlt sich beunruhigt. Die Frage nach den Heilswegen und Heilsmitteln wird akut. Gegen die Mittelmäßigkeit vieler Christen setzt der Konvertit ein Zeugnis der Entschiedenheit im Glauben. Er bekundet, daß es trotz der ökumenischen Annäherung der Kirchen noch trennende Unterschiede von existentieller Bedeutung gibt, und weist damit jeden Relativismus, Indifferentismus und jede irenistische Euphorie zurück. In einer Zeit, in der viele Menschen ein „kirchenfreies Christentum" zu leben versuchen, bezeugt der Konvertit den unverzichtbaren Wert der Kirche und erzeugt damit ein Gegengewicht gegen innere und äußere Auflösungstendenzen in den Kirchen. Die Kirche, in die er eintritt, wird durch das Einbringen des eigenen christlichen Erbes im Sinne einer wachsenden Katholizität (vgl. Vollversammlung des Ökumenischen Rates der Kirchen in Uppsala) bereichert.
Die Kirchen wissen sich durch Konversion herausgefordert. Allzu irdisch-menschliche Reaktionen des Schmerzes oder des Ärgers, des Verlustes oder Gewinns haben kein Recht angesichts der gewissenhaften persönlichen Wahrheitssuche eines Konvertiten. Es zeugt von ökumenischer Gesinnung, wenn die jeweils zuständigen Pfarrer in

beiden Kirchen sich über die Absichtserklärung eines Konversionswilligen mit seiner Zustimmung informieren und wenn sie darüber hinaus um Verständnis in der betroffenen Familie sowie in der Gemeinde bitten. Jeder Anschein einer Repressalie oder Sanktion gegenüber dem Konvertiten oder seinen Angehörigen sollte vermieden werden. Jeder Konvertit müßte im seelsorgerlichen Gespräch auf die ökumenischen Perspektiven seines Schrittes hingewiesen werden.
Beide Kirchen sind sich einig in der Abwehr einer jeden Weise von Proselytenmacherei. Sie halten aber gemeinsam fest an der Erklärung der Vollversammlung des Weltrates der Kirchen in New Delhi: „Jede christliche Kirche darf nicht nur, sondern muß sogar ihr Zeugnis vor der Welt frei und offen ablegen, um Menschen in die Gemeinschaft mit Gott, wie er in Jesus Christus offenbar ist, zu bringen."

Werkregister*

Alma de perro 121
Aslan Norval VIII, 29f., 140, 227–236
Assembly Line *siehe* Der Großindustrielle
Der ausgewanderte Antonio 74, 121

Bändigung 115, 117, 217, 220f., 223
Bändigung eines Tigers *siehe* Bändigung
Der Banditendoktor 217, 220, 222f., 225
Die Baumwollpflücker *siehe* Der Wobbly
Der BLaugetupfte SPerlinG 133
Die Brücke im Dschungel VIIf., 18, 20, 28, 95–113, 134, 142, 145, 158–160, 162, 195–204
BT-Mitteilungen 29f., 35, 117, 124, 135
Der Busch (*Einzeltitel siehe* Der ausgewanderte Antonio, Bändigung, Der Banditendoktor, Der Eselskauf, Die Geschichte einer Bombe, Der Großindustrielle, Indianertanz im Dschungel, Die Medizin, Der Nachtbesuch im Busch, Spießgesellen, Die Wohlfahrtseinrichtung) 20, 115, 117, 120–123, 196, 218

La Canasta *siehe* Der Großindustrielle
Canasta de Cuentos Mexicanos 116f., 120f., 123f.
Canastitas en serie *siehe* Der Großindustrielle
‚Caoba'-Zyklus (*Einzeltitel siehe* Der Karren, Regierung, Der Marsch ins Reich der Caoba, Die Troza, Die Rebellion der Gehenkten, Djungelgeneralen) VIII, 4, 15, 17, 21, 56, 84f., 116, 124, 163, 166, 206, 211f., 215f., 218
Die Carreta *siehe* Der Karren

Djungelgeneralen 21, 23, 63, 84, 163, 214–216, 234
Dónde y cuándo perdió Alemania la guerra [*Artikel in* Mañana] 10

Eine unerwartete Lösung *siehe* Una solución inesperada
Eine wahrhaft blutige Geschichte 121
Ein General kommt aus dem Dschungel *siehe* Djungelgeneralen
Der Eselskauf 115

Die Fackel des Fürsten VII, 149, 152–158, 160–162, 164, 165

---

* Das Werkregister verzeichnet alle in den Beiträgen erwähnten Werke B. Travens. Die Werke erscheinen durchweg mit dem Titel ihrer ersten (Buch-)Veröffentlichung; in einigen besonderen Fällen wurden auch spätere abweichende Titel aufgenommen und mit einem Verweis versehen. Die in *Der Ziegelbrenner* und in den *BT-Mitteilungen* publizierten Artikel bzw. Erzählungen sind nicht einzeln verzeichnet; zusätzlich wurden die Sammlungen *Una Canasta de Cuentos Mexicanos* und *Canasta de Cuentos Mexicanos* aufgenommen.

Der Farm-Arbeiter 142
Der fremde Soldat 132

Die Geschichte einer Bombe 221, 223
Der Großindustrielle VII, 115–127

Des heiligen Antonio Kümmernisse *siehe* Der ausgewanderte Antonio
Das Hospital *siehe* Die Wohlfahrtseinrichtung

Indianertanz im Dschungel 142

Der Karren 17, 85
Körbchen in Serie *siehe* Der Großindustrielle
Kunst der Indianer 140f.

Land des Frühlings 17, 19f., 43, 58, 85, 87, 95, 99, 101, 109, 115, 126, 135, 144, 153, 157, 159, 162, 196, 199, 200, 204

Macario 115f., 138
‚Mahagoni'-Zyklus *siehe* ‚Caoba'-- Zyklus
Der Mann Site und die grünglitzernde Frau 62, 165
Der Marsch ins Reich der Caoba 16f., 85, 211–213
Die Medizin 221, 223

Der Nachtbesuch im Busch 140, 142, 195f.

Producción en cadena *siehe* Der Großindustrielle

Die Rebellion der Gehenkten VIII, 7, 16f., 95–97, 116, 138, 163, 213f.
Regierung 17, 85, 88, 163

Der Schatz der Sierra Madre 4, 9, 13, 15, 18, 20, 23–25, 27f., 60, 116, 126, 134, 138f., 144, 195
Die schönen Beine seiner Frau 140, 223
Seele eines Hundes *siehe* Alma de perro
Der Silberdollar *siehe* To frame or not to frame
Sonnen-Schöpfung 16, 23, 135
Spielzeug 140
Spießgesellen 74

La tercera guerra mundial [*Artikel in* Estudios Sociales] 10
To frame or not to frame 140, 217–219, 221f., 224f.
Das Totenschiff VIf., 4, 13–15, 17f., 20, 23–28, 30, 57–94, 95, 97f., 116, 136f., 143, 163, 166, 183–193, 195
Totenschiff. Schauspiel in vier Akten 75, 80, 82
Die Troza 16f.

Una Canasta de Cuentos Mexicanos 98, 119
Una solución inesperada 117, 217, 221f., 224
Ungedienter Landsturm im Feuer 132

Die weiße Rose 17, 20, 49, 86, 95–97, 107, 109, 126, 138, 163, 195
Wie Götter entstehen 143
Der Wobbly VIf., 4, 30–56, 126, 134, 141, 165–181, 195, 202
Die Wohlfahrtseinrichtung 121

Der Ziegelbrenner VIII, 4, 82, 93, 132–134, 144–146, 165, 209–211, 216